方圓道

方中有圓做人，圓外有方處世，
方與圓並行，將改變你的一生……

每個人都有與生俱來的成功者本質，
為什麼有人能夠獲得成功？
有人卻庸庸碌碌的過一生？
最大的差別就在於——
為人、處事、作關係的方法不同……

孫莉◎著

目錄

Contents

第三篇：圓外有方處世——決定你在M型社會中的位子

第四篇：方圓人生——播下成功的種子

人生方圓間，成敗胸中事

人生是一場嚴肅且艱難的旅行，行走於路上的任何一位行者皆面臨只能進不能退的賭局和也許成也許敗的命運——相同賭局不同命運的原因在於每個人這一生中做人、做事、做關係的手法不同及得分的迥異。

誰都渴望人生幸福、凡事成功，每個人也都在傾一生之光陰追求著幸福與成功。也正因爲此，世界充滿了激烈競爭，人們愈發疲憊忙碌。人生到底是什麼？成功是否可望不可及？成功眞的要付出很大的代價嗎？這個世界上有沒有一種「四兩撥千斤」的力量能夠巧妙帶來成功？人們可不可以獲得更多不會帶來副作用的成功？

這本小小的成功精品集將嘗試引導你建立一種全新的成功觀念——學會「方中有圓做人，圓外有方處事，方圓並舉去靈動、智慧地謀取成功。」「外圓內方」是中國人傳統的爲人處事的哲學思想，用以教導人們要「方做人，圓處事」。「方」是指做人的原則與氣節，是光明正大、明辨是非善惡的高尚品格；「圓」是指處事的方法與手段，是機智圓通、靈活老練的精妙技巧。它看似簡單、樸素，卻也足足

穿透了幾千年的時空隧道，直到今天都迸射著愈發燦爛的辨證的光芒。因爲越來越多整日疲於奔命的現代人突然不約而同地意識到，原來本分、誠實甚至固執的「老實人」和狡猾、虛僞甚至損人利己的「聰明人」，如今已都沒有市場了，因爲他們太偏執、太不「modern」，眞正成功的人往往是那些既堅持原則，又善於應變，既敏於思考，又勤於學習的人；眞正幸福的人也恰恰就是那些凡事胸懷謀略、胸懷彩虹的人。

無論如何，這是一本想告訴那些既希冀成功又毫無頭緒的人們如何更新自己的心態與價值觀的書。讀者們在認眞閱讀之後也許會發現：你所獲得的每一個腦筋的轉彎、每一個瞬間的頓悟、每一句智慧的點撥、每一份積極的態度，這些都將可能成爲你人生的轉折點，並幫助你通過思考和領悟，盡快享受到成功的感覺。

人生方圓間，成敗胸中事，願我們的人生之旅都能大道通天，進退有術！

第一篇

學習方圓思維前，你該具備的生活態度

你以怎樣的方式去思考，思想就以怎樣的方式來引導你。

打消自卑的念頭

有一次，一個士兵騎著馬，送信給拿破崙。因爲走得太快，在他還沒有到達目的地之前，他的馬猛跌一跤一命嗚呼了，這名士兵只得快步跑著去送信。拿破崙接到了信，看後立即寫了封回信，交給那位士兵，並指著自己的高頭大馬說：「你騎我的馬，火速把回信送去。」士兵望著那匹裝飾華美的雄壯的駿馬，對拿破崙說：「不，將軍，我是一個平庸的士兵，實在不配騎這麼華美雄偉的駿馬。」

拿破崙嚴肅地說：「世上沒有一樣東西，是法國士兵所不配享有的。」

世界上有許多像那位法國士兵那樣想法的人，他們認爲自己不配擁有世界上最好的東西，聲望和名譽，自己也不可能得到。他們認爲自己注定了要貧窮、卑微地生活下去，而尊貴、富有、榮譽以及世界上所有的好東西，都是留給幸運者。

如果你也有這種卑微的想法，連想一想「我也是一個強者，也可能會成功」都會臉紅，那你怎麼可能樹立遠大的理想，成爲一個成功的人呢？如果你把一個小小的成功都認爲是痴心妄想，認爲自己不配，那你怎麼可能有勇氣去實現它呢？所以，你應以拿破崙爲榜樣，告訴自己：沒有什麼是我不配享有的。當你這樣告訴自己時，你就會重新樹立起自信心，去爭取世界上最美好的東西。

自卑自賤的心態只會阻礙你的前進，只有自信才能戰勝一切困難和挫折，最終使你成爲一個強者。也許你是一個貧窮的農民，一個卑微的小職員，甚至你還沒有工作，你同樣可以依靠自信和努力成爲一個強者，享受幸福的生活。

自卑自賤並不是不可戰勝的，許多人正是因爲戰勝了它，才取得了成功。

球王比利的名聲早已爲世界眾多球迷所稱道，但如果說這位大名鼎鼎的超級球星曾是個自卑的膽小鬼，許多人大概會覺得不可思議。

年輕時的比利得知自己入選巴西最有名的桑托斯足球隊時，他竟然緊張得一夜未眠，他認爲自己根本沒有資格和那些著名的球星一起踢球。在他不得不去桑托斯足球隊報到時，他懊喪地對自己說：「在這裡我只配當板凳隊員。」

當教練硬逼著他上場擔任主力中鋒時，他感覺雙腿好像長在了別人身上。但他不斷地告訴自己集中精力，鼓起勇氣來，想一想平時是怎樣做的……通過不斷的鼓勵和暗示，他終於可以輕鬆地在場上奔跑並漂亮地接球傳球了。

由於他戰勝了心中自卑的念頭，堅定了自己的信心，他才可以把自己的才能全部發揮出來，終於成爲世界球王。

如果你也總認爲自己事事不如人，只能落魄地生活，那麼請向比利學習，用自信擊退你心中的自卑，這樣你很快就能加入到強者的隊伍中。

不要輕易否定自己

尼克在戴維斯的店裡學習經商已經三年了，可是他依舊什麼都做不好。一次戴維斯在一個小餐館裡遇到了尼克的父親，便誠懇地對他說：「約翰，我們是多年的好友，爲了不使你日後懊悔，我必須老實跟你講，尼克的確是個踏實穩重的好孩子，但即使他在我店裡學一百年，也不會成爲一個優秀的商人，因爲他生來就不是做商人的料。約翰，你還是帶他回去，教他擠牛奶吧！」

尼克被父親帶回家後，幫忙父親經營農場。一次很偶然的機會，他到了芝加哥，親眼看見許多原本貧窮愚鈍的孩子做出了驚人的事業。這激起了他做大商業家的決心。他自問：「別人能做驚人的事業，我爲什麼不能做呢？」

回到家後他對父親說他想開一家商店。父親勸他打消這個念頭：「你不是經商的料。」但尼克自信地向父親保證他一定會成功。起初，尼克的經營很不成功，但他不斷嘗試，很快就找到了成功的經營方法。只用了幾年時間，他的商店遍及他所在的這個州的城鄉，令戴維斯和他的父親十分驚訝。現在，已經擁有幾億資產的尼克感慨地說：「什麼事都是可以辦到的。只要你去掉那些阻礙自己前進的想法，你就可以成功。」

然而，世界上很多人在未進行某項嘗試之前就認定自己「不是那塊料」，「天生注定不會成功」。也正是因爲他們所抱持的這種消極觀念，阻礙了他們能力的發揮，不能走向成功的殿堂。

其實每個人都有無限的潛能，它像一座金礦等待著我們去開發。任何成功者都不是天生的，他們成功最根本的原因是激發出了自己體內深藏潛伏的才能。只要你抱著積極的心態去開發你的潛能，就會有用不完的能量，你的能力就會越用越強。反之，如果你抱著消極的心態，不去開發自己的能力，那你只會歎息命運不公，並且越來越消極，越來越無能！

最大限度地發揮自己的能力，做所有「我」能做的事情，是表現「我」的才能的最好途徑。你甚至會驚奇地發現拿破崙、林肯未必能做好的事情，「我」卻能漂亮地完成。所以，不要輕易否定自己，給自己一個機會，讓自己把全部能力發揮出來。

請記住，這個世界是屬於「你」的，不管你是英姿勃發的年輕人還是老當益壯的老年人，只要確信你行，並發揮出自己的能力，你就能取得事業的成功。

編織夢想、改變生活態度永不嫌遲。你無法使時光停止，但是你可以停止消極悲觀的思想。立即開始運用自己的能力，你就能得到你所追求的。

當然，積極地看待生活，發揮自己的能力，爭取事業的成功需要勇氣和持之以恆的精神。如果你沒有勇氣向固有的錯誤觀念挑戰，你可能會輕易地放棄自己的希望，重新回到消極悲觀的生活中去。所以，即使外界環境對你不利，即使別人斷定你不可能成功，你也不要放棄自己。因爲你是唯一能夠決定自己命運的人。

不要因爲自己曾是個失敗者而氣餒

美國一家大公司的哈利先生，在進入公司後的第二年，執行一次重要的任務時，因一招不愼，滿盤皆輸慘遭失敗，從此一蹶不振，對「承擔責任」產生了一種恐懼。哈利先生在遭受失敗打擊的第三年，公司要他到美國南部去掌管分公司，但一直生活在失敗陰影裡的哈利先生，卻沒有勇氣承擔這一職責，拒絕了這次證明自己的機會。以後，還有好幾次這種絕好的機會降臨到哈利先生的頭上，可是哈利先生都因同一種理由把它們錯過了。直到退休，哈利先生仍然在公司裡領著微薄的薪水過日子。

多麼可悲！僅僅一次失敗的挫折，就讓哈利先生完全否定了自己的能力和價值，終生把自己判入心理奴隸的牢籠之中。

其實，世上的一切並無所謂「失敗」或「成功」，從大的觀點看時，萬事萬物均在「更新的過程之中」。失敗只不過是生活中的一個小小插曲，是黎明前的黑暗而已。

因此，你一定要丟掉體內那種「失敗了就表明自己將一事無成，或必須放棄追求，向失敗俯首稱臣」的可憐想法。

要知道，人不可能總能得到他們想要的東西。「只要運動，人總難免會摔跤。」

失敗，並不表明你不能成功，特別是一時一事的失敗，並不表示你是一個失敗者，一個失去了希望的人。即使所有人都說「你失敗了，你是一個失敗者」，你自己也不要這麼想。

失敗，只是表示你尚未達到追求的目標，或者可能是離目標遠了一些。就像在攀登的山路上跌了一跤，只說明你的前進暫時受阻，且這種受阻很可能只是一個小小的插曲，它只會使你未來的勝利和成功更有價值罷了。

失敗也可以表明你有意嘗試，你在支付「學費」學習不敗之法，或者說，失敗在鄭重告訴你，改換一下行爲方式，或準確地告訴你「此路不通，另尋佳徑」。

但是，許多失敗者的悲哀，常常在失敗後就失去了智慧和勇氣，走不出失敗的陰影，日後若想要改變，就會同時想到可能出現的困難，而不願再嘗試。於是，他離成功就越來越遠了。

從某種意義上講，失敗不會成為你生活的絆腳石，它並沒有你所想像的那麼可怕，經歷一次就永無翻身之日。

失敗在很大程度上標示著一個新的起點，它是你通向成功道路中的一塊基石。失敗更是一種良好的興奮劑，能激發一個人沉睡的激情，鍾鍊人的意志；就好似鑿子和錘子，能把一個人的生命雕琢得更美麗。許多人就是在遇到失敗後，才發現自己眞正的才幹，使自己內部貯藏的力量得以爆發出來。

千萬不要因一次失敗而氣餒，放棄追求；也不要被失敗的「感覺」所左右，變得憂慮、蠻橫或憤世嫉俗。事實證明，除非你放棄，否則你永遠不會被失敗打垮。

愛迪生曾長期埋首於一項發明。一位年輕記者問他：「愛迪生先生，你目前的實驗曾失敗了一萬次，你對此有何感想？」

愛迪生回答說：「年輕人，因為你人生的旅程才起步，所以我告訴你一個對你未來很有幫助的啓示：我並沒有失敗一萬次，只是發現了一萬種行不通的方法。」

可見，失敗並不可怕，關鍵在於你怎樣看待失敗本身。

眞正的成功，是從失敗中去學習。假如你戰勝不了逆境，要獲得成功是不可能的。而把失敗轉化爲成功，其過程很簡單，往往只需要一個想法跟實際行動。

還記得我們是如何學會溜冰的嗎？跌倒了就爬起來，爬起來若再跌倒，就再爬起來，經過如此反覆練習，而學會溜冰。

所以，如果你天真地以爲每一位成功者都只有成功的經驗，那就錯了。沒有人能比成功者擁有更多失敗的經驗，也沒有人比成功者更重視失敗的寶貴教訓和啓示。

成功者與失敗者最大的不同，就在於前者珍惜失敗的經驗，他們善於從失敗中汲取教訓，鍥而不捨地努力戰勝一時的失敗，反敗爲勝，獲得更大的勝利；後者一旦遭遇失敗的打擊，即墜入痛苦的深淵，不能自拔，每天悶悶不樂、自怨自艾直至自我毀滅。

假如你確信自己是一個能夠成功的優秀者，並且希望獲得成功，那麼你不要爲你眼前的失敗而氣餒，不要因失敗而變成一個懦夫，自甘沉淪。而要振作精神，像檢查電子線路板上的短路一樣，仔細研究失敗的每一個環節，看一看自己的目標是否適合自己，自己是否爲這一目標付出了最大的努力，自己是否是個受合作者喜歡的人，自己是否能創造並抓住機遇……

相信自己只要一息尚存，就有希望；只要能繼續生存下去，就證明了你不是失敗者。只有這樣，你才能最終戰勝挫折，實現「失敗—成功—再失敗—再成功」的成功模式。

永遠不要說「沒有機會」

許多失敗者談及自己失敗的時候，都把原因歸結爲「沒有機會」、沒有人幫忙提拔、好位置讓別人捷足先登了、等不到他們去競爭……

眞是這樣嗎？當然不是。在成功的路上，我們應該認識以下幾點：

一、主動創造機會

「沒有機會」永遠只是失敗者的推諉之詞。當人降臨到這個世界時，上帝就已把「機會」公平地分配給我們每一個人，所有人都在以同樣的比例分享著「機會」。

有沒有機會、能否得到機會，關鍵看你是以何種態度，從何種角度對待身邊的機會。

亞歷山大在攻城取得勝利後，有下屬問他，是否等待機會來到，再去進攻另一個城市，亞歷山大聽了這話，大發雷霆：「你認爲機會什麼時候會來到？機會是我們自己創造出來的。」

可見，創造機會才是成就亞歷山大偉大的原因。惟有善於創造機會的人，才能建立轟轟烈烈的偉績。

這也是爲什麼有那麼多人，甚至包括一些天資頗高的人，一生窮困潦倒的原因。

鋼鐵大王卡內基曾說過：「機會是自己努力造成的，任何人都有機會，只是有些人善於創造機會罷了！」眞可謂英雄所見略同。

機會，包含在每個人的努力奮鬥中，這正如未來的橡樹包含在橡樹果實裡一樣。如果要幸運降臨，要獲得機會，你必須主動，你不能等待好運的降臨，你必須使它們發生，用心創造，努力尋求種種機會。你要事先有所計畫，努力去做，全力控制你可以控制的變數，這樣，你將改變局面，而使不可控制的變數也偏向於你。你還必須挖掘出這種機會的可能價值。

當你看到某一機會，並已經準備好了去接受這一挑戰時，你其實是創造了令自

己幸運的機會。

二、等待機會必然失敗

如果你做一件事情，必須等待機會來臨，不能夠或不善於主動創造機會或及時抓住機會，那是極危險的一件事。這樣，你的一切努力和熱情，都將因等待機會而付諸東流，那機會自然也不可得。

有一個終日希望成爲富翁的孩子，他懶惰極了，不願勤勞地工作，僅依靠父母留的一點遺產過活。每天坐在家裡，等待著好運到來。早上醒來，看到鄰家男孩早早上班去了，他自語道：「一早就起床，有什麼意思呢？財富將會來到我面前，讓我可享用一生呢！」於是，他翻過身去，接著睡覺。

結果，當鄰家男孩通過奮鬥躋身於成功階層時，這個孩子依然靠父母的遺產坐吃山空，等待機會。

任何一種良好的機會，全在於自己去創造，如果你天眞地相信有良好機會在別的地方等著你，或者會自動找上門來，那麼，你無疑是天下第一號傻瓜，你一定會失敗。所以，永遠不要讓「沒有機會」這種可憐的想法占據你的頭腦，永遠不要奢望「機會」會在你守株待兔般的等待中來臨。

任何一個機會，都需要你不懈的努力，才有得到的希望。而只要你善於把握，任何時候都有成功的機會。

不要讓拖延的習慣埋葬自己

曾有人問一位做事拖拉的人一天的工作是怎麼做完的。這個人說：「那很簡單，我把昨天的工作拿來今天做。」

拖延，豈止是把昨天的工作拿來今天做？「拖延」一詞根據《韋氏新世界英語詞典》的解釋：「把應做的事推到將來做，而且對此感到正常。」

五年前，很有才氣的希森教授想寫一本傳記，專門研究「幾十年以前一個讓人議論紛紛的人物軼事」。

這個寫作主題既有趣又少見，很有吸引力，而且希森教授對此造詣頗深，文筆又很生動，知道的人都認爲，這個寫作計畫一定會爲希森教授贏得很大的成就、名譽與財富。

五年後，一位朋友碰到希森教授，閒聊時，這位朋友無意間提到那本書：「希森，你的那本書是不是快要完成了？」

不料，希森教授竟滿臉愧色地說：

「我根本就沒寫！」

這個回答幾乎讓這位朋友難以置信。

見朋友一臉的狐疑，希森教授趕忙解釋說：「我實在太忙了，總是有許多更重要的任務要完成，因此自然沒有時間寫了。」

多麼可怕的壞習慣！罪大惡極的「拖延」，讓希森教授日復一日地推託工作，卻使他心安理得。

所以說，人世間，沒有什麼能比拖延更害人了。更沒有什麼，能比拖延更能懈怠一個人的精力了。

如果你是辦事拖拉的人，你就是在毫無意義地浪費大量的寶貴時間。你總是花許多時間思考要做的事，擔心這個顧慮那個，尋找種種藉口推遲行動，結果，卻又懊悔自己沒完成工作。

其實，這段時間裡，你本來能完成任務而且完全可以投入下一個工作了。

因爲，如果拿你浪費在拖延上的精神和時間，來辦理今日的工作，往往綽綽有餘。而且，有許多的事情，你若立即動手去做，就會感到快樂、有趣，加大成功機率，一旦延遲了幾個星期再去做，不但辛苦加倍，還會失去應有的樂趣。

比如，當某個畫面如同閃電一般一閃而現在一個藝術家的腦海裡，如果他在那一剎那迅速執筆，把那個畫面畫在紙上，必定會有意外收穫。假若他認爲無暇執筆，一拖再拖，過了許多日子再畫，那美好的靈感火花或許早已模糊，甚至完全消失了。

因此有人萬分憎惡地指出：拖延是魔鬼最喜愛的工作。

的確如此。拖延不僅是成功的仇敵，是時間的竊賊，它還會損壞人的品格，毀掉好的機會，使人成爲失敗的奴隸。更爲可怕的是，拖延甚至會給你帶來致命的危險。

每日有每日的理想和決斷。今日的理想，今日下了決斷，今日就要去做，不要留到明天，因爲明天自有新的理想產生。

每個人都應避免拖延的習慣。如果你感覺自己正在被或已被拖延所引誘，並備受摧殘，那麼，就趕快振作起精神，即刻去做自己的工作吧。只有「立即行動」，才能將你從拖延的陷阱中拯救出來。

比爾和瓊是一對年輕的夫婦，他們每個月的收入是一千美元，但每個月的開銷也是一千美元，收支剛好持平。夫婦倆很想存錢，但是他們經常會找些理由使他們無法開始。

一晃幾年過去了。他們仍然一點存款也沒有。最後瓊實在不想再拖了。她對比爾說：「我們到底要不要存錢？」

比爾說：「當然要啊！可是現在省不下來。」

瓊這次是下定決心了。她說：「我們想存錢已經好幾年了，由於一直認爲省不下，才沒有存錢。可是比爾，你想一想，如果每年存一千美元，十五年後就有一萬五仟美元，外加六仟六佰美元的利息。這一點我們可以做到。只要你眞想存錢，把薪水的10％存起來，不移作他用即可。」

結果，在瓊的堅持和兩人的共同努力下，他們立即執行自己的存錢計畫，沒有再無限期地拖延下去，成功實現了最初的願望。

拋棄猶豫不決的生活態度

斯萬夫人是一位品德高尚、令人尊敬的女士。然而，凡是認識她、了解她的

人，都知道她有個致命的弱點猶豫不決。

斯萬夫人如果要買一件東西，她一定要事先把全城出售那東西的店鋪跑遍，她走進一個商店，便從這個櫃台跑到那個櫃台，從櫃台上拿起要買的貨物，便仔細地打量顏色與樣式的差異，猶豫究竟該買哪一種好。結果，常常一樣也沒買，空手而歸。

有時，即使斯萬夫人買下某樣東西，她心中也老是嘀咕，所買的東西是否眞的不錯？是否要先買回去問問其他人的意見，不合適再拿來換？結果，她買什麼東西，往往總得要換二三次，但是她還是感到不滿意。

在這個世界上，像斯萬夫人這樣猶豫不決的人，還有很多。

這些人對自己能否成功總是抱著懷疑的態度，在人生旅途中，他們總拒絕作出任何決定，即使是極爲微小的事情，也仍是如此。若一旦有事情需要他們作決定不可，他們則會像斯萬夫人那樣，一定要去與別人商量，傾聽別人的意見，從不讓決定取決於自己的判斷力和智慧。

之所以如此，關鍵是因爲猶豫的人總希望做出正確的選擇，卻又被每一個選擇帶來的負面結果蒙蔽了眼睛，根本不知道自己想要什麼，不知道事情的結果會怎樣。面對重大選擇時，他們會一再拖延到終於來不及的地步。他們惟恐今天決定了一件事情，也許明天會有更好的事情出現，以至於自己可能會對第一個決定產生懊悔。

猶豫不決對一個人的傷害是不容小視的，它會影響到你人格的建立。不僅使你勇氣消失，意志削弱，還會破壞你的自信力和判斷力，以及你一生的機遇。

結果，雖具有優秀的才幹、高尚的品德，但由於被猶豫不決所束縛，很難為他人所信賴，很難獲得別人的尊重，使別人對你失去信心，最終常一事無成。

所以，在現實生活中，猶豫不決的人可以說是世界上最可憐的人，也是最容易被失敗俘虜的人。「猶豫群體」就像一艘艘沒有航行方向的小船，盲目漂流在狂風暴雨的海面上，永遠難以抵達成功的彼岸。

歸根結底，猶豫不決之所以能夠在你心中生根發芽，就在於你不敢相信自己能自行解決重要的事情，懼怕承擔責任。

正如一位業務員面對為猶豫所困的房地產商人時所說：

「你為何失敗？那是因為你沒有做出決定的能力。在你的一生中，你已不幸地養成一種逃避責任的習慣：猶豫不決，無法對影響到你生活的所有事情做出明確的決定。結果到了今天，即使你想做什麼，也無法辦得到了。」

如果你想消除生活中猶豫不決的毛病，永遠不要等到明天，今天就開始吧。強迫自己去練習堅定的決斷，切勿猶豫。

也許，在開始的時候，你的迅速決斷不免要發生些許錯誤，可是，這無疑要比那些猶豫者做事迅速，猶豫者根本就不敢「開始」工作。而且，就你由此所得到的自信力、可被他人所依賴的信賴感等種種所得來說，要比因怕犯錯誤而喪失決斷力要有價值的多。

不要讓恐懼左右你的思想

「恐懼」具有使人精神癱瘓的可怕力量。這股力量能夠摧毀一個人的意志，毀滅一個人的個性，剝奪生存的快樂，使人的勇氣和創造力消滅，從而讓許多人變爲懦夫，與成功遠離。

可以說，對於任何人來講，不論哪一種恐懼，都是人類最大的仇敵。

恐懼的理由有無數種，比如：身體的健康狀況不佳、失去自由、面對死亡的威脅、貧窮來臨等。但最可怕也是最大的恐懼，則是對未來貧窮、衰老和禍患的恐懼。這些恐懼思想的交疊，如同天空中密布的烏雲，籠罩著一些人的一生。

生活中，有許多人由於恐懼貧窮、禍患、衰老等，把自己的身體當作奴隸般驅使，透支體力，結果，反而給自己帶來了自己所極力要避免的那些東西。

在恐懼者的思想裡，時時充滿了各種可怕的恐懼。而這些可怕的恐懼，則常常壓迫著他們的神經，使他們變得神經兮兮，處事盲目並迷失在各種衝突與欲望的糾纏中。

喬治是一家保險公司的職員，他向來遇事便生恐懼。倘使覺得有一些寒冷，他便斷定自己就要生病了；倘使他覺得喉嚨有些微痛，他就認爲是扁桃腺發炎了，日日爲不得下嚥而擔心不已；倘使他在暢飲以後，感覺自己心臟跳動加快，他就開始懼怕自己患了心臟病。當然，他對工作同樣如此。上司的一句冷語、一個漠然的表情，都讓他感覺到有失業的危機，結果，工作成績總是不能讓人滿意，使得上司真的開始考慮他的去留問題。

有一天，終日生活在恐懼中的喬治，命喪於一場可怕的車禍中。

唯一令人恐懼的其實就是「恐懼」本身。在恐懼所控制的地方，是永遠不可能達成任何有價值的成就的。有一位哲學家說過：「恐懼是意志的地牢，它跑進裡面，躲藏起來，企圖在裡面隱居。恐懼帶來迷信，而迷信是一把短劍，僞善者用它來刺殺靈魂。」

當恐懼的思想開始向你侵襲，你要立刻轉變你的思想，如同丟棄不良行爲一樣堅決拒絕恐懼，確信自己是多麼的堅強，多麼的有能力，多麼有把握，準備得多麼充分。千萬不要讓恐懼控制了你的思想和行為。

有一次，一個傘兵教練說：「跳傘本身真的很好玩，讓人難受的只是『等待跳傘』的一剎那。在跳傘的人各就各位時，我讓他們『盡快』度過這段時間。曾經不止一次，有人因幻想太多『可能發生的事情』而暈倒。如果不能鼓勵他跳第二次，他永遠當不成傘兵了。跳傘的人拖得愈久愈害怕，就愈沒有信心。」

可見，行動本身會增強信心，不行動只會帶來恐懼。立即進入情況，可以解除你所有的緊張、恐懼與不安，從而引導你攀上成功的最高峰。若一味地等待、拖延，只會增強恐懼感，甚至讓你永遠停滯不前。

打消依賴心理，讓自己獨立起來

很多人天真地認為，讓自己有終生依靠，不須努力就衣食無愁，是人生最幸運的選擇。

這實在是大錯特錯！

生活中最大的危險，就是依賴他人來保障自己。

「讓你依賴，讓你靠」，猶如伊甸園的蛇，總在你準備拚搏一番時引誘你。它會對你說：「不用了，你根本不需要。看看，這麼多的金錢，這麼多好玩、好吃的東西，你享受都來不及呢！」……這些話，足以抹殺你意欲前進的雄心和勇氣，阻止你利用自身的資本去換取成功的快樂，讓你日復一日原地踏步，停滯不前，以至於你到垂暮之年，終日爲一生無爲悔恨不已。

這種錯誤的依賴心理，還會剝奪你本身具有的獨立的權利，使你依賴成性，靠枴杖而不想自己走；有依賴，就不再想獨立，結果給自己的未來挖下失敗的陷阱。

爲什麼？原因很簡單，總依賴他人者，常缺乏成功者必須具有的獨立性。事實也證明，獨立性遠勝於勢力、資本以及親友的扶助，具有不可估計的力量。它能使你有信心、有力量克服重重困難，成就一番事業。

記得有位作家說過這樣一段話：「不要以爲富家的子弟得到了好的命運。大多數的紈褲子弟，自恃有金錢作後盾，不學無術，甘願做金錢的奴隸，終難成功。另外，不獨立的富家子弟，從來不是貧苦孩子的對手。因爲貧窮的孩子，通常因貧苦的強烈刺激，具有很強的獨立性和自主能力。」

的確如此。一個人一旦有了依賴的想法，自以爲樣樣有人供給，就很難有勤勉努力的精神，更不要說什麼獨立自主，實現人生價值了。

環顧四周，相信你也不難發現，有許多無親友扶助，無富足生活的人，獲得了重要的地位，擁有了巨額資產，而他們的成功足以使那些家境富裕、關係無限卻「默默無聞」的青年自慚形穢。

當然，外界的扶助、有所依靠，有時也是一種幸福。畢竟依賴他人，比自己動手、動腦來得輕鬆。但不可否認的是，「依賴心理」帶給人們的弊遠大於利。

俗語說：「一生依賴他人的人，只能算半個人。」眞可謂是一針見血的評斷！不難想像「半個人」，無論從智力還是體力上，都是敵不過「全人」的。如果你不想失敗，不想做他人恥笑的「半個人」，就打消你心中「依賴他人生存」的念頭吧，給自己找個職業，讓自己獨立起來。只有這樣，你才會眞正體會到自身價值，會感到無比幸福。如果你不丟棄這種想法，即使你懷有雄心和自信，也未必會發揮出所有的能力，獲得更大的成功。

所以說，供給你金錢，讓你依靠的人，並不是你的好朋友。惟有鼓勵你獨立的人，才是你眞正的好朋友。因爲獨立是成功的前奏。

成功的力量，往往潛伏在一個人的內心深處，只有到了需要的時候，只有當環境許可的時候，才會被激發，產生巨大的能量。你只有在脫離依賴，獨立自主的時候，才會發現這力量，並激發它。

而令人惋惜的是，許多人由於過度依賴他人，從來都不知道，在自己身體裡竟有如此巨大的潛能，甚至到死也沒有發現。

其實，僅僅是知道了也是無用的。一個依賴他人，不獨立的人，要想激發這股成功的力量，猶如用未沸的水去啓動蒸汽火車一樣，永遠不可能。

生活中，有許多偉人，最初所做的事，並沒有表現出他們的能力。原因就是那時他們並不是一個眞正獨立的人，他們只不過是依附於別人做事而已。後來之所以成功，則要歸功於噩運。

噩運毀滅了他們的產業，奪去了他們依賴的枴杖。這一切迫使他們不得不重新審視自己，催促他們養成極強的獨立性，從而釋放出巨大的力量，也使他們一度被埋沒的才幹得以表現。

所以，如果不幸突然降臨，讓你失去了依靠，不要悲觀，不要絕望，帶著微笑歡迎它吧，那也許是你成功的絕好機會。

不要生活在嫉妒裡

嫉妒，存在於每個人的內心，是人類心靈的腫瘤，具有非常大的危害性。一個人一旦有了嫉妒的念頭，其所思所爲就會被嫉妒所控制，因而失去了吸引他人的力量，甚至使他人產生厭惡的心理，不願與你結交往來。

產生嫉妒的原因很多，但通常並不明顯。當牽涉到一個人的自我意識時，看起來無足輕重的事情，常常也會引起過度膨脹。就如他人瀟灑、漂亮的外表，華麗的服飾，橫溢的才華等，都可能是造成嫉妒的直接因素。而其中最重要，也是最根本的一點，就是你沒有把別人的長處，當作很正常的東西來看待，相反，你可能會對別人擁有的獨特才能或取得的優異成績，產生莫名的恨意。更確切地說，導致嫉妒心理的關鍵，就在於你沒有擺正自己的位置，總以爲自己應無所不有、無所不能。

有許多人在聽到自己好友或同事成就某項事業，得到晉升後，心中便滋生妒意，很不是滋味。總是一味地抱怨生活，「爲什麼成功的不是我呢？」

結果，由於這種嫉妒心理作祟，你始終無法對別人取得的成績安之若素，更不要說什麼眞誠的祝賀了。

你對嫉妒之心如此鍾情，但它究竟能給你帶來什麼呢？

在嫉妒心理的驅使下，嫉妒者常會不能自控地產生排斥的想法，不理智地做出一些傷害別人的舉動。就像好鬥的公雞那樣，總是去攻擊別人，去詆毀他人取得的某些成就，甚至產生不屑與之爲伍的愚蠢念頭。

由此一來，盤踞在你內心深處的可憐的嫉妒，無形中便演變成爲一種障礙，一種會阻礙你與他人正常交往的障礙，一種可能阻礙你贏取成功的障礙。

世上沒有一個人能夠離群索居、獨立生存，獲取成功。朋友的支持對於你的成功，就像葡萄的主枝對於一串串味美色香的葡萄那樣重要。葡萄只要脫離了枝幹，就會慢慢萎縮枯乾。因嫉妒而不去和超越於自己的人接觸，不去和一些經驗多學問深的人接觸，就無異於拒絕了別人對你的幫助。

達倫和傑伊同爲一家高科技公司的工程師，平時兩個人極爲要好，無論在工作上還是生活上，都給予對方很多幫助。達倫的年齡比傑伊長五歲，而在公司的資歷也比傑伊多三年，因此，大家都猜想應該是達倫先有獲得升遷的機會。但是傑伊爲人隨和，工作努力，做事主動，並有豐富的創造力，獲得上級的注意。後來，傑伊越過達倫，被拔擢爲地區業務經理。

傑伊的升職，讓達倫嫉妒得兩眼發紅。他沒有爲傑伊高興，相反，他幾乎每天都要給傑伊點「臉色」看看。

一天，達倫看見傑伊和公司老總一起從遠處走過來，妒火中燒，高聲對身旁的幾位同事說道：「哼，傑伊那傢伙，要是你問他幾點了，他會跟你說錶是怎樣做的！他表面上是不會說什麼的，不過時間久了，你們就會發現他背後的一些事了！」轉頭看著走近的傑伊，他又悄聲說：「看，來了個『大人物』。」

達倫的玩笑並沒有引起共鳴，相反，同事們紛紛向他投出鄙視的眼神，達倫頓時感到臉如火燒，逃也似地離開了同事。

而他怎麼也沒有想到，就在自己嘲弄傑伊時，傑伊正極力向老總推薦達倫。可惜，他的話被老總聽到了，一切化爲泡影。

最後，被嫉妒折磨得近乎崩潰的達倫，收拾了自己的東西，離開了這家公司。

無疑，即使達倫到別的公司工作，如果他仍然持有這種心態，不容別人比自己強的話，他依然會待不下去。因爲在任何公司，都存在著比他優秀的同事。而達倫的這種近乎「病態」的心理，已經徹底地把他包圍，在他和周圍人之間形成了一道屏障，他出不去，別人也進不來，成功自然也被拒絕在門外。

其實，一個人處在敗者的位置，如能依舊抱著樂觀態度，以一顆平常心，給予成功者眞誠的祝福，這對於他有著極大的益處。

「可是我到底該怎樣來消除這種心理，管理我那過分高傲的心理呢？」一個「嫉妒」受害者這樣問。

對體內的嫉妒，你可以有許多辦法來抵消。其中，最關鍵、最有效的一步，就是擺正心態，甘心示弱。

要做到這一點，首先要有自知之明。「尺有所短，寸有所長。」人世間，人人都不是十全十美的。乾隆雖號稱「十全老人」，但也正是他，親手培育出了前無古

人後無來者的大貪官。所以，不要想著萬事超人前，樣樣不服輸，那是永遠不可能的。應實事求是，客觀評價自己，以誠待人，與人爲善，削弱心中的嫉妒，杜絕嫉妒心理升級，降低嫉妒的危害性。

而擺正心態更意味著，你要認眞地、坦誠地對待他人的成績。在別人的成績面前以虛心的態度來認同對方，這雖然還談不上讓你視對方爲自己，但對你自己本身卻會有正面的效用。有了善意的認同，才能夠以冷靜的思考來反省自己不如對方的地方，把別人的長處當作自己的努力目標，帶著高度的自信，充分發揮自己的優勢，學習他人的優點，超越他人。如果只是一味地嫉妒，卻不自我反省，這樣不僅得罪了朋友，而且對自己一點益處都沒有。

要知道，別人的優點不應是你自卑的原因，更不應是你嫉妒的內容，而應成爲你激勵自己前進的動力！

明白了這些，你就能除掉根植在你心中的嫉妒，使你自己設置的成功障礙不攻自破，成功自然也會不請自來。

「負面思考」是成功的大敵

負面思考者的思考動機，是希望避免錯誤的發生，以便把事情做對、做好。可惜的是，負面思考卻使這良好的動機，向著思維的極端發展。以至於在負面思考者的眼裡，玻璃杯裡永遠不是半滿的，而是半空的；所有可能通往成功的信號燈，全是紅色的；「凡是升上去的必然會掉下來。」但凡是落下來的，卻永遠也升不起來。

里克經常到當地的體育館內，與幾個遠從俄國來的移民一起玩曲棍球。但幾個俄國移民從第一次打球起，就發現里克是個不折不扣的負面思考者。他總是跟每個人說他們做錯了什麼事，而不是說他們做對了什麼事。

「什麼?你的腿跌斷了，還能跑嗎?」

「你說會傳球給我，是什麼意思?」

「情況實在不好，叫我如何安心?」

諸如此類……

剛開始的時候，隊友們眞的不想理睬里克的負面言行，畢竟，里克的負面批評

並不是空穴來風。這個隊裡有一半的人一心只想贏球，對於打法根本不在意；另外一半則根本不知道自己在做什麼。但是，每一次比賽結束時，里克的負面批評都讓人心情惡劣透頂，甚至有好幾次演變成團隊內部的衝突。

許多隊友由於不堪忍受里克的負面言行，離開了里克所在的曲棍球隊。現在，里克仍想打曲棍球，但他需面對一個非常棘手的問題，就是要如何湊到足夠的人數來打球。因爲，他的負面批評，已經讓其他大部分球員對他敬而遠之，實在很難再找到願意與他一起打曲棍球的人了。

負面悲觀的人所持有的這種負面的特質，具有非同尋常的殺傷力和破壞力。它能利用負面的思想、語言，偶爾再加上點負面行爲，去破壞你良好的動機，抑制事物的發生、發展。尤爲可怕的是，它還會澆滅你的希望，並且能在希望之火升騰之前，就把它撲滅，從而把你逼到絕望的境地。

一個人如果長時間跟負面思考的人接觸，無形中就會受他的影響。這種影響就像接觸到原子輻射，如果輻射劑量小、時間短，你還能活；持續輻射就會要你的命了。

恰如一位作家所說，在所有的「人物」裡面，負面思考者的行爲和思維方式，對於別人最具潛在的影響。

一個人的負面思考方式，還將成爲開發人的潛能的最大敵人。它會讓潛能像睡美人那樣，長久沉睡，白白浪費掉。而這一切，無疑會給你取得成功的能力打一個大大的折扣。

總之，一個人一旦被「負面思考」控制，就會被過去的種種失敗和疑慮引導、支配，悲觀失望、消極頹廢，最終被失敗俘虜。沒有一個人會因負面思考而獲得好處，也沒有人因負面思考而改善境遇。負面思考只會枯萎一個人的志向，減弱一個人眞正的力量。

須知，「你以怎樣的方式去思考，思想就以怎樣的方式來引導你。」正確的思考方式是造就成功之路的必然基礎。

如果你要想獲得成功，必須培養並且具備正確的思考方法，千方百計遏制「負面思考」這股暗流，不要讓這種錯誤的思考方式，使自己成爲一個可悲的失敗者。

那麼到底該如何養成正確的思考方法呢？

拿破崙．希爾的成功學告訴你：

第一，你必須要培養注意重點的習慣；

第二，要看清事實；

第三，尊重眞理；

第四，正確評價自己和他人；

第五，要善於投資；

第六，要有建設性的思想。

只要做到了這些，背負著「負面思考」重殼的你就會發現，很多事情是可以行得通的，失望也未必不能避免，人是可以起來接受挑戰、克服困難的。「也許眞的是……雖然我還有很多懷疑……，但是，也許這只是我的懷疑而已。」

負面思考的你，一旦讓類似於這些的正面思考發揮功效，你就會感覺前進的腳步輕盈無比，甚至還會看見成功正在不遠處向你招手！

東尼是一個經理，負責管理一個長期士氣低落的辦公室，他設計了一個很棒的政策來處理抱怨和負面言行。如果有哪一個員工說了負面的話、有負面的想法，或是純粹抱怨，而沒有建設性意見，就必須放一個兩角五分的錢幣到「負面罐」裡去，其實這只是個醃菜罐，所有放在罐子裡的錢，將被用於公司每個月舉行一次的「感謝上帝，今天是星期五」的派對上。

一個月不到，罐子就快要裝滿了。人們開始注意到，原來自己是那麼消極，以至已經發展爲一種集體性的「醃黃瓜」臉。

意識到這一點，每個人都開始竭力轉變自己的思維方式，負面的烏雲慢慢散去，工作場所的士氣也大爲提升。甚至連每月派對，也從星期五改到星期一，名稱也改作「感謝上帝，今天是星期一」派對。

不要讓多疑左右你的生活

古時候有一個人丟了一把斧頭，這個人開始總懷疑是鄰居的小兒子偷的，因此，他特別注意觀察鄰居小兒子的一舉一動，從走路的姿勢，到言談話語、面部表情和神色，怎麼看都像是偷了斧頭的樣子。可是後來，他在山裡找到了丟失的斧頭，再見到鄰居的小兒子時，覺得他的一舉一動全不像偷斧頭的人了。

「丟斧人」的心理就是一種典型的多疑心理。

在生活工作中，如果你發現自己也常不經意地犯「丟斧人」的毛病，那你可要小心了。也許「多疑」已像病毒那樣蟄伏在你的體內了，甚至是你已被「多疑」控制，而這可不是什麼值得慶賀的好事。

無論是誰，一旦被多疑心理控制，便常常會自我孤立，敏感度驟升，情緒緊張，整日提心吊膽，小心翼翼，謹言慎行，害怕走近別人，也拒絕別人走近自己，更怕被別人拒絕。以至於有時一件小事，一個偶然的手勢，一句無心的話，都足以讓你猜測不已、惴惴不安。

比如，兩個同事背著你竊竊私語，你一走近，他們便立刻終止了談話，沉默不語或是各自走開，這時，你就會在心裡犯嘀咕：他們會不會在說我的壞話？如果某人不贊同你的觀點，你就會懷疑這個人對你懷有成見；與朋友相遇，他卻沒和你打招呼，你可能立刻會懷疑他對你不滿……

多疑，是一個人精神上的癱瘓。它好像是人身上的一顆毒瘤，稍不注意，它就會流出毒液。一旦腐蝕你的思想，你就會喪失理智，以主觀、片面、刻板的思維邏輯來主導自己的推理，毫無根據地進行判斷。

多疑的人不信任他人，總對他們作出過低或不切實際的評估。究其「不信任根源」，就在於其內心深處缺乏足夠的自信。

如果你在生活工作中，總以不信任的態度與他人交往，長久下來，別人就會逐漸疏遠你，因爲沒有人能長期忍受你的這種無理的「敏感」，被你長時間的懷疑著。

所以說，多疑只會徒增你的煩惱和痛苦，使你眾叛親離，最後落得個自憐自艾的悲慘下場。

因此也有人說，多疑是一個人人際關係中最大的障礙，成功途中的大敵。

才華橫溢的喬，無論在工作態度上還是能力上，都是非常出類拔萃的。可是，畢業四年來，喬卻頻頻跳槽，次數達七次之多。

現在，就職某大公司的喬，憑借自己的聰明才幹，僅用了三個月的時間，就從銷售員做到了市場總監，然而過了不久，喬就再一次揚言說想辭職。有朋友不解地問為什麼，喬義憤填膺地說道：

「當我職位升到老總直接管轄範圍時，我就隱約覺得與老總之間的關係有些微妙。老總對我越來越不信任，甚至有些猜忌，同事們也紛紛排斥我，我現在是『四面楚歌』。最讓我生氣的是，最近老總特意為我找了一位助理，美其名是協助我管理市場，其實我心裡很清楚，是派來監督我工作的。這是對我極大的不信任！是對我的侮辱！我實在忍無可忍了，我要辭職！」

是什麼造成了喬職業生涯發展的瓶頸？是什麼使他在職場頻頻受挫，不斷跳槽，職業生涯「墜入負面輪迴」？不是別的，正是喬那顆敏感多疑的心，是它構成了喬職業發展的障礙。

在激烈的職場競爭中，許多人都遭遇過與喬相類似的問題，有過相近的感覺：當你工作做的好了，或者升到較高職位時，你的內心便感覺背後有一雙「眼睛」在盯著自己。彷彿在對你說：我不信任你。而這雙「眼睛」可能是你的上司，也可能是你身邊的同事。

於是，關係莫名其妙地變緊張了，衝突也不時出現了。而衝突的結局，是讓你感受到莫大的傷害和壓抑，認為整個環境是不信任、不安全的，產生深深的恐懼感和憤怒感，繼而升起強烈的排斥感——逃！

可見，多疑心理損害極大，它會阻礙你走向成功的腳步。不過，好在你的多疑心理並非無藥可救，不妨試試下面的方法：

當疑心在你心中初露端倪時，先讓自己冷靜下來，仔細分析，考慮一下自己的「多疑」有無確鑿的根據。多從自身想想，「是不是我太多心了？」「也許別人並不是針對我，而只是就事論事」，「他也許只是一時心情不好，心不在焉，所以遷怒於我或者冷落了我，與我並無關係」……

嘗試著用「信任」代替「多疑」，用「理智」遏制多疑心理的升級，一天兩天，也許看不出太大的變化，但時間長了，你會發現，曾經的「多疑」，實際上完全是你自己無中生有的想像，杞人憂天而已。

只要你能堅持無論在什麼樣的情況下，都始終不放棄「信任」的立場，那麼，你對他人的敏感、多疑，也就會慢慢地不治而癒。伴之而來的，將是增強了的自信，失而復得的友情，「止跌回升」的職業生涯……

永遠不要說「爲時已晚」

當今社會，是個充滿變數的世界。追求個人發展和個人自由，努力擴展自己的生活和生命，追趕社會潮流，已成爲一個永續經營、終其一生的過程，不再是存在於某種特定階段的特定內容。

可惜的是，生活中仍有許多人不能理解這一道理，面對成功機遇的逝去，學習時間的流逝，年齡的無奈增長等，整個人便好似被洗過腦，認爲失去了時間和機遇，就得偃旗息鼓，放棄對知識、對成功的追求，自甘沉淪和失敗；到了某個年紀，自己就得放棄生命，準備等死。

你若問他們願不願意捲土重來，或讓晚年的生命染上一道美麗的風景，這些人就會感歎地說：「當然想啦。但成功雖好，卻爲時晚矣。」

多麼可憐又可怕的想法！

當一個人自以爲「晚了」，而不再努力，不再追求進步時，便是他生命頹廢、事業失敗的開始。

眞的晚了嗎？其實不然。

有一個農夫，他從一個懶惰者的手中，買了一塊田，這時已是五月下旬。先前的地主沒有趁初春的時候去耕種，只種了些蔬菜。那農夫買來以後，左右鄰居都這樣說：「春天早已過去了，來不及再耕種，仍舊用它種些蔬菜吧！」

但是，農夫認爲，如果去種晚熟的穀類，目前還不算遲。因此，農夫按照自己的主意去做，把那塊田細細地耕了一遍，撒上晚熟的種子，很細心地去照料。後來，竟獲得意外的收穫，收成比鄰居春天所耕種的還要豐盛。

可見，只要你願意播撒種子，收穫永遠都會有的。學習，也是一樣。

每個人在一生中，都有受教育的可能性。這句話在任何時候都是適用的，任何信奉它的人都會受益匪淺。

摩絲奶奶一直快到了八十歲時，才開始拾起畫筆；葛洛夫・馬克斯在六十五歲時才開始一段嶄新的生涯：主持電視節目……類似實例，不勝枚舉。

他們之所以成功，就是到了晚年，他們拒絕讓年齡以及退休等不是理由的理由，爲自己的未來畫上句號。

倘使你渴望造就自己，補救早年失學的缺憾，那麼你必須學會重新認識自己，審視生命餘下的時間，這是每個人成長與成功過程中的必修課程。永遠不要讓「來不及」、「晚了」之類的話，出現在你的人生辭典上。

正所謂「活到老，學到老；活到老，努力到老。」只要你願意，學習永不嫌晚，奮鬥永不嫌晚。

此時此刻，如果你正打算以「晚了」作爲結局，草草了結自己的生命或奮鬥生涯，在走出辦公室後，在閒談時，在退休後，不妨走進教室，赴一場知識的盛宴，這會使你的生活變得積極樂觀，生命顯得更加充實。

人到老年，思想比年輕時代無疑要成熟得多，更有判斷力，更知道光陰的寶貴，更善於利用各種機會進修自學，爭取成功。因此，有許多人，在年輕求學時代，不知努力，空把時光蹉跎，沒有得到多少書本的知識，可是到了中年以後，理智增加，使他們開始從自身的需要出發，去補充知識的空缺，並努力用功，結果，竟有驚人的成績。

然而，你也許如一般人那樣，過分重視大學教育，認爲曾經因經濟困難或身體孱弱，不能升入大學，是一種不可無法補救的缺憾，認爲現在再怎麼努力，也不會獲得與大學同等程度的教育。因爲自修得來的學識畢竟是有限的。卻不知，世上有許多負有盛名的學者，從沒有進過什麼大學，甚至有許多連中學也沒有進過呢！

所以說，一個人只要能像一個永不言敗的奮鬥者那樣，永不言晚，並善於利用空閒時間去選讀函授學校的學科，同樣能獲得極好的教育，幫助自己成就許多事業。

正如成功者們所說：生命中沒有也不應有「爲時已晚」的立足之地。

內疚情緒是心靈的蛛網

內疚情緒，是體內一種「悄悄的小聲音」對你說的結果。那種「悄悄的小聲音」就是你的良心。

內疚情緒並非只存在於特定人的體內。事實表明，不論你的本質是好還是壞，只要你生活在這個世界上，你都會不時體驗到內疚情緒，尋覓到它的蹤跡。

在某種程度上，內疚情緒的存在並非壞事。它配合著積極的心態會有良好的促進作用。內疚情緒可以促使你進行第二次思考，甚至能激勵有德行的人產生美好的思想和行動。

但是，並非所有的內疚情緒都能夠產生良好的結果。當一個人有了內疚情緒，而又不用積極的心態去排除它，其結果往往是極爲有害的。

心理學家弗洛伊德說：「我們的工作進展得愈深入，以及我們對神經病患者精神生活的認識和研究愈深，我們就愈清楚地感覺到：兩個新因素迫使我們最密切地注意到，它們就是抵抗的來源，……這兩個新因素，都能包括在『我需要得病』或『我需要受苦』的表述中……這兩個新因素就是內疚感或犯罪的覺悟……」

弗洛伊德是正確的。

因爲內疚情緒常常會像惡魔一樣，誘導你去毀滅自己的性命，毀壞自己的身體，摧殘自己的精神，或者用其他方法殘害自己，以贖清所犯下的罪過。

當然，在人類文明日益提高的今天，內疚情緒直接殘害個人身心的例子已不多見，然而不容否認的是，由內疚情緒引發的下意識心理依然潛伏在人的內心深處，並不時出來操縱你的思想和行爲。

下意識心理能像有意識心理一樣，有效地運用它自身的力量。如果你不能用積極的心態去除自己的內疚情緒，下意識心理就能把你纏結得愈來愈緊，最終，引起一些自我傷害的行爲。

有個青年在一次正當防衛中，失手打死了一個酒後無理取鬧的人。雖然他明白自己並沒有錯，可他一想到醉鬼撇下的孤兒寡母，便覺得自己罪大惡極。內疚情緒更像毒蛇一樣吞噬著他的身心。背負著「良心的譴責」，青年整日鬱鬱寡歡，不到三年，他便不堪折磨，一命嗚呼了。

面對可怕的內疚情緒陷阱，你必須學會克服，給自己以走出內疚陰影的勇氣和信心，如此才不會導致心理上的僵化和變異。不然，你就會像脊椎出了問題的駝背人，永遠無法挺起胸膛面對世界，甚至會像正當防衛的青年那樣，以命抵命。

安迪還在大學就讀時，就違背了「你不可偷竊」這條戒律，偷了別人九十二美元搭乘飛機前往佛羅里達州，不久，他又持槍搶劫，被捕入獄。不久他獲大赦出獄，參加了軍隊。然而，即使在軍隊中，安迪也仍然屢犯「偷竊」的老毛病。

就這樣，安迪人生之路上每況愈下，但他作案愈久，就愈感到內疚。開始安迪還沒有自覺地感到更多的內疚因爲他犯罪的自覺意識變得遲鈍了，但是他的下意識心理卻在積累著內疚情緒。

安迪從軍事監獄裡獲釋後，結了婚，搬到加洲安了家，在那兒開了一家電子商店。不幸的是，開店不久，安迪又深陷到黑社會中去了。爲此，他很快擁有了一輛價值九千美元的汽車，並在郊區擁有一所漂亮房子。

爲此，妻子與他發生了爭吵。希望他說出錢的來源。但安迪不肯說，妻子爲此很傷心。

爲安慰妻子，他開車帶妻子去海濱。路上他們碰上了交通阻塞，被迫與幾百輛汽車一起湧進一個停車場。

「安迪，看呀。」愛麗絲說，「那是格拉漢！我們去聽他講演吧，那可能會蠻有意思呢。」

安迪就與妻子一起走了過去。但剛坐下不久，他就變得十分煩躁不安。他覺得格拉漢似乎在直接對他講話，良心使安迪感到不安了。

「如果一個人獲得了整個世界，卻失去了他的靈魂，這對他有什麼好處呢？」

接著格拉漢又說：「這兒有一個人，他聽到這些話時，受到良心的譴責，他想要離開他的老路，卻未作出決定。但這將是他最後的機會。」

「他最後的機會！」

這句話使安迪大吃一驚。這位教士的意思是什麼呢？

安迪想正在發生什麼事，爲什麼他總想哭呢。他對妻子說：「我們走吧，愛麗絲。」

愛麗絲順從地走向停車的方向，但安迪抓住她的一隻胳膊，把她的身子轉過來。

「不，親愛的，」安迪說，「走這邊……」

從此以後，安迪完全改變了他的生活。

安迪之所以能消除了內疚情緒，就在於他遵循了一個每個人都能遵循的公式：

首先，當你聽到可能改變你生活的忠告、演講時，你要好好地傾聽。

然後，你就不難對你所做的錯事由衷地感到慚愧，也不難做出眞誠的懺悔。

你必須邁出前進的第一步，這很重要。當安迪邁出那一步時，就等於「公開宣布」，他已對他的過去感到慚愧，現在準備改變他的生活了。

還有，你必須邁出前進的第二步，立即開始糾正每一個錯誤，而不是被內疚折磨的死去。

如果你正爲壞事的引誘所苦惱，以及隨之而來的內疚所困擾，使你不能把自己的能力運用到積極的方面，你可試著把這條「去除你內疚情緒的公式」和你的生活聯繫起來，在它的正確指引下，去做你的良心要你做的而又不會使你產生內疚的事，這將使你邁步走向成功。

第二篇

方中有圓做人——好品德才能讓你左右逢源

富蘭克林說：「一個真誠的農夫比一個邪惡的王子更高貴。沒有真誠就不會有收穫。」

人生方圓，眞誠為本

在美國，曾有心理學家針對人際交往的「喜歡與吸引」人的特質做過調查，結果表明，在五百五十種人品中，得分最高的就是眞誠。

富蘭克林說：「一個眞誠的農夫比一個邪惡的王子更高貴。沒有眞誠就不會有收穫。」眞誠是一種美德。一個眞誠的人會使人產生溝通、深交的欲望，給人可信賴的安全感。相反，一個不眞誠的人，說話做事都會令人反感，這樣的人當然不會成功，即使他能有財富和地位，那也只是暫時的。

在追求事業成功的道路上，只要你眞誠地對待別人，就可以打開對方的心靈之門。因為「以誠感人者，人亦以誠相應。」三國時期的劉備三顧茅廬請出諸葛亮，在很大程度上，是因為諸葛亮被劉備的眞誠所感動，才答應輔佐。後來，劉備建立了蜀國，形成了三國鼎立的局面，這與諸葛亮的「鞠躬盡瘁，死而後已」是分不開的，而這根源於劉備的眞誠。

有一天，一位美國女記者基泰斯在日本東京小田急（Odakyu）百貨公司買了一台電唱機，作為送給在東京的婆婆的見面禮，售貨員以日本人特有的彬彬有禮的服務，幫助她精心挑選了一台電唱機。

當基泰斯回到住所想試用時，卻意外地發現電唱機竟然是空心的，根本無法使用。她怒不可遏，當晚就寫了一篇新聞稿，題目叫《笑臉背後的眞面目》，並傳眞到她所任職的美國報社。

次日清晨，一輛汽車開到她的住處，從車上走出的是小田急百貨公司的副經理和拎著大皮箱的職員，他倆一進客廳便俯首鞠躬，表示歉意，基泰斯十分吃驚地問他們是如何找到這兒的。

那位經理講述了大致經過。原來，前一天下午檢查商品時，他發現將一個空心的貨樣賣給了顧客，於是，他迅速召集人員商議，費盡周折，從顧客留下的一張美國某報社的名片裡發現線索，打了三十五次越洋電話，總算從美國紐約得到顧客東京婆婆家的電話號碼，並找到了顧客住所地。接著，經理親手將一台完好的電唱機外加唱片一張、蛋糕一盒奉上。

小田急公司的眞誠深深打動了基泰斯。她馬上打越洋電話到美國報社，告知報社說又有新的稿件發出，昨天傳眞的稿件不要刊登。她隨後又趕寫了一篇新聞稿《三十五次緊急電話》。後來，報社考慮到她兩篇稿件的觀點不同，配上編輯的話將兩篇稿件全部刊登。後來，日本多家報紙也有刊登。他們的眞誠得到了回報，小田急百貨公司的知名度大大提高，經濟效益也隨之快速增長。

爲人要眞誠，這是你贏得人氣與支持的第一原則，也是你的事業能否順利發展的重要保證。

香港企業家李貴輝僅用了短短十幾年的時間，便擁有了龐大的企業，同時還贏得了許多榮譽。他能如此迅速致富，與他的眞誠品格有著直接的關係。比如，有一次，一名內地的員工的母親病重，他知道後立即打長途電話給當地的醫院院長，要求他們盡力搶救，並由公司出醫藥費。他還經常幫員工排憂解難，讓他們沒有後顧之憂把工作做好。李貴輝在生活上、經濟上對員工們的眞誠關愛，得到了員工們的支持與尊重，工作起來盡心盡責、任勞任怨，這爲李貴輝企業的發展奠定了良好的基礎。

社會上有一些人，認爲眞誠只不過是一種理想狀況，戰勝不了現實。所以，他們常會爲了眼前利益，而拋棄了眞誠。他們還自認爲耍手段是眞正的高明，但這樣做，得到的只是一時的利益，卻失去了爲人的根本。一旦走到這一步，離失敗也就不遠了。

眞誠絕不只是一種理想，而是人在和現實搏鬥中內心的最後一道防線，就算遭到無情的打擊，也不能放棄這最後的眞誠。林肯說：如果想贏得成功，首先先讓人感覺到你的眞誠。」那麼，爲了你嚮往已久的成功，你就試著遠離虛僞和欺騙，做一個眞誠的人吧。

節儉是創富的美德

很多人之所以成功，很大程度上是因爲腳踏兩條「船」──一條船是「勤」，另一條船是「儉」。在某種程度上，「儉」更爲重要。節約，是世上所有財富的起點。世界上沒有其他品德能像節儉那樣可能使一個窮人發財。

大仲馬曾精闢地論述道：「節約是窮人的財富，富人的智慧。」

但節儉決非一時心血來潮的行爲，它是習慣和明智的結果。節儉不是爲了存錢而存錢，而是努力做到物盡其用。你要想變得節儉，最好的方法是認識到節儉的價值。多賺少花，合理分配收支，不輕易舉債。這對於你的成功是必不可少的。

有位年輕人在美國賓州的一家印刷廠工作，他想開個小印刷廠以自行創業。他去見了一家印刷材料供應站的老闆，表明了他的意願，並表示希望對方能以分期付款的方式賣給他一部印刷機及一些小型的印刷設備。

這位老闆的第一個問題就是：「你自己是否有些存款呢？你是怎樣擁有這些存款的？」

這位年輕人確實存了一些錢。他每個星期固定從他那僅三十美元的週薪裡拿出十五美元存入銀行，而且，這個節儉儲蓄的習慣已經保持了近四年。

因此，年輕人以分期付款的方式，購買了機器設備。後來，對方又允許他以這種方式購買更多的設備。不久，他擁有了賓州規模最大、最爲成功的一家印刷廠。他的名字就是班傑明・富蘭克林。

可見，機會無處不在。但富蘭克林的成功同時也表明，機會只會提供給那些手中有餘錢或是已養成節儉儲蓄習慣、懂得運用金錢的人，因爲他們在養成節儉習慣的同時，還培養了其他一些良好的品德。而能否做到節儉，在很大程度上與你是否合理支配金錢有關。

如果你沒有錢，而且尚未養成節儉的習慣，那麼，你永遠無法使自己獲得任何賺錢的機會。這看來可能是個悲哀而殘酷的事實，但卻是一個不折不扣的「事實」。在今天的世界裡，正有數以萬計的人，因爲忽略了養成節儉的習慣，以至於終生要勞苦工作。

金融巨頭摩根對此直言指出，他寧願貸款一百萬元給一個品德良好且已養成節儉習慣的人，也不願貸一千元給一個品德不端正、只知花錢的人。

假如你想成功，成爲眞正的富人，讓你的錢爲你工作，你就要懂得金錢的價值，學會節儉，把錢花得有意義。正如富蘭克林在日記中寫道的那樣：「既不要做借債之人，也不做放貸之人；放貸常會失去自己和朋友，借債則會失去節儉之優勢，破壞節儉之美德。」

從現在開始，趕快制定一個積蓄金錢的計畫，恰如其分地規劃你的支出，控制你的金錢。一旦制定，就要嚴格執行。這樣，你才會日漸成爲一個有著良好節儉品德的人，才會踏上成功的起點。

守財不如守信

吉姆開了一家電腦公司，他向顧客承諾保證當天送貨上門。一天，下班後，有個用戶急需某個電腦配件。他得知後，想派人送去，但員工已走光了，於是他便決定親自送去。途中遇到傾盆大雨，河水暴漲，封住了沿途的幾座橋，交通堵塞嚴重，汽車已無法行駛。按常理遇到這種情況，他完全有充分的理由返回去。但他並沒有被艱險嚇倒，巧妙地利用原來存放在汽車裡的一雙溜冰鞋，滑向目的地，平時不到半小時的路程，今天卻變成了幾個小時的艱苦跋涉。在他到達用戶所在地後，又不顧疲勞，及時解決了用戶的困難，用戶大為感動。這件事在當地引起了很大迴響，他也贏得了廣大用戶的信任，許多用戶爭相向他購買電腦。很快，吉姆就發了財。

吉姆靠什麼起步？不是資金，不是知識，而是信用，是守信的美德幫了他。正所謂「人先信而後求能」。一個守信的人，能很容易贏得別人的信任，給自己的事業帶來眾多良好的發展機遇。

恪守信用是人的美德。而在商業領域，它已超出道德的範疇，變成創業致富的法寶。

守信的力量是巨大的，它會使你在困難的時候得到眞正的幫助，會在你孤獨的時候得到友情的溫暖，因爲你信守諾言，你可靠的形象推銷了你自己，你便會在事業上獲得成功。你若在追求成功的路上，失去了這個根本，別人不相信你了，不願再與你打交道，那麼，你只能孤軍奮戰。而孤軍奮戰者，成功的機率是非常小的。

《敏拉波尼》雜誌的出版人瓊斯開始創業時，先向一家銀行貸了三千元，但當時他並不急需這筆錢。他說：「我之所以貸款，是爲了樹立我守信的形象。其實我根本沒有動過這筆錢，當借期一到，我便立即將這三千元錢還給了銀行。幾次以後，我得到了這家銀行的信任，借給我的數目也漸漸大了起來。最後一次貸款的數額是兩萬美元，這次我用它去擴展我的業務。

「我計畫出版一份商業方面的報紙，但辦報需要一定的資金，我估計起碼需要兩萬五千美元，而我手頭上總共只有五千美元。於是我再次去找每次借我錢的那個職員。當我把我的計畫原原本本地告訴他以後，他願意貸給我兩萬美元。不過，他要我與銀行經理洽談一下。最後，這位經理同意如數借給我，還說，『我雖然對瓊斯先生不太熟悉，不過我注意到，多年來瓊斯先生一直向我們貸款，並每次都按時還清。』」就這樣，瓊斯借助這筆資金走上了成功之路。

在一定情況下，你也許發現，講究信譽、信守諾言的做法，會使自己吃虧。千萬不要在意！吃虧畢竟是暫時的，所謂有虧必有盈。某次吃虧或經濟利益受損，卻會給自己長遠的事業帶來積極、持久的影響。

一九六八年，日本麥當勞社社長接受了美國油料公司訂製餐具刀叉三百萬個的合約。交貨日期爲同年八月一日，在美國的芝加哥交貨。

籐田組織了幾家工廠生產這批刀叉，但這些工廠一再誤工，到七月二十七日才完工。但從東京海運到美國芝加哥，因爲路遙遠，八月一日肯定到不了貨，到時必然誤期。若用空運，就會損失一大筆利潤。

商人都是追求利潤的。這時，籐田面對的，一邊是損失的利潤，一邊是看不見摸不著的信用。思量再三，籐田毅然租用泛美航空公司的波音七〇七貨運機空運，花費了三十萬美元的空運費，將貨物及時運到。這次籐田的損失很大，但贏得了美國油料公司的信任。

往後的幾年裡，美國油料公司不斷向日本麥當勞社訂製大量的餐具，籐田也因此得到了豐厚的回報。這就是恪守信用帶來的財富。

你要讓你的信用代表你，讓你的名字走進每一個與你打過交道的人中，你要使他們信賴你，覺得你是一個可靠的人，這對你個人形象的樹立、個人事業的發展都是極其重要的。尤其在現在日益激烈的市場競爭中，重諾守信更應該是事業成功的一條準則和方法。平時，你可能看不到它的存在，計量不出它的無形的價值，但當你年終計算利潤時，它就會顯現在你的帳面上，讓你大喜過望。

遵守諾言看起來似乎很簡單，做起來卻相當困難，你只要稍有疏忽，就可能無法守信。不信，你可以想一想：你是否給予別人良好的形象？你是否輕易地允以承諾？你是否值得他人委以重任？你是否總是忘掉別人委託之事？當別人向你打聽事情時，你轉達了多少次錯誤訊息？……

這麼一問，你可能自己會嚇一跳，發現自己並不是一個嚴格守信的人。那麼，應該怎樣做到恪守信用呢？

你在許諾之前，要先對自己的能力作正確的評估，仔細想一想：「我真的能履行諾言嗎？」許諾是一件非常嚴肅的事，答應人家的就跟欠人家的一樣重要。你如果覺得自己做不到，或因覺得得不償失而不願意去辦時，千萬不要輕率地向別人許諾。你可以找任何藉口來推辭，但絕不要說「沒問題」，因爲這樣頂多只會讓別人感到遺憾，而不會認爲你說話不算數，而對你產生不信任感，你也不會因日後做不到而受窘。

對於你已經許諾了的事，你應該認眞地對待，努力地去實現它。要知道，你的許諾價值千金，你必須愼重。你若丟棄守信這一根本，總是信口開河地隨便向別人開「空頭支票」，臨到頭來又不兌現，失信於人，不僅會昭示你人格卑賤，品行不端，還是一種只顧眼前不顧將來的愚蠢的短視行爲。這時，即使你把理由說得頭頭是道，極爲充分，人們也會對你產生不信任的念頭，這會破壞你的形象，影響你的事業，讓你一事無成。

如果你做不到你曾許諾過的事，就應該及時通知對方，這樣可以避免不必要的損失。當然，對於已經受到的損失，你應當負起責任，用行動說服別人的異議，讓他們親眼看到你所做的都是爲了他們的利益，這樣才會把失信於人的負面作用降至最低點，還自己一個可信的面孔。

誠實就是力量

誠實是人們最基本的處世美德，也是決定一個人能否取得成功的重要條件。誠實的重要性，就和做正確的事一樣重要。不管是在什麼時候，也不管是在什麼情況下，誠實都能幫你走上成功之路。

阿瑟·項伯拉托里是紐澤西——曼哈頓航空公司的開發者和業主，還是一家貨運公司的董事長。他十歲的那個夏季，正值經濟大蕭條的一九三五年，他跟著一輛運貨小卡車，每天向一百多家商店送特製食品。在那麼炎熱的天氣裡，做十二個小時的報酬只是一塊臘肉三明治、一瓶飲料和五十美分現金。但由於這是他的第一份工作，所以他認爲辛苦一些也是正常的。

在不送貨的日子裡，他便到一家偏僻的糖果店工作，一次掃地時，他看見桌子底下有十五美分，便撿起來交給店主。店主拍拍他的肩膀說，他是有意將錢扔在那兒，要試試他是否誠實。整個高中階段阿瑟·項伯拉托里都被這位老闆僱用。他絕不會忘記，是誠實讓他保住了當時非常難找到的那份工作，也正是誠實成爲了他後來創辦事業、興旺發達的關鍵。

由此可見，誠實不僅具有道德價值，而且還蘊含著巨大的經濟價值和社會價值。一個有誠實美德的人，能讓他人產生信賴感，讓人樂於接近，在贏得別人信任的同時，又能為自己的生活和事業帶來莫大的益處。

然而，仍有一部分人認為生意場上爾虞我詐，誰的騙術高，防範到位，誰就是最終的勝利者。然而，實際上並非如此，那些都是短視的行為，要想長期獲利，必須誠實待人。

虞孚和范蠡的老師計然是同時代人。計然善做生意，並且很有名氣，虞孚不甘困苦就去向計然討教致富的方法。計然就把種漆樹的技術教給了他。那時候，漆的銷路很好，如果掌握了種漆樹的技術，便可發財。

學成之後，虞孚種了三年漆樹，收穫了數百斛漆，這對於他來說，已足以發一筆不小的財，他打算把漆運到吳國去銷售。當時，漆在吳國很短缺。當消息傳到吳國後，吳國的中盤商異常興奮，一直迎到郊外，並幫他安排好食宿，看到虞孚的漆是上品，就約好過幾天用金幣來購買。等中盤商一走，虞孚就把事先準備好的漆葉之膏和入好漆中，想欺騙人家牟取暴利。等約期到了，吳國的中盤商看到漆的封條是新的，就產生了懷疑，沒有當下成交。過了二十天之後，漆變得無法用了，商人們也就不要了。虞孚沒辦法回國，只能在吳國行乞，最終死在吳國。

所以你要記住，誠實是致富的先決條件，別人並沒有你想像的那麼傻。一旦失去了誠實，那麼你也就失去了一切可能成功的機會。

商業成功的人大都比較誠實，因爲他們不僅希望誠實地對待別人，更希望別人誠實地對待自己。他們知道，商場中最大的危險，就是不誠實。他們所說的每一句話，所採取的每一個行爲，都將迎來與之相應的言行。如果他們對其他人採取了欺騙行爲，那就是自取滅亡。而如果他們是誠實的，就能保證他們在順境時有人助，在逆境時有人扶。

吉姆．伯克是美國強生製藥公司的總裁。在二十世紀八〇年代初期，該公司的重點產品泰米諾爾膠囊在芝加哥被當成殺人工具。手法很簡單：兇手把膠囊中的醋氨酚粉劑換成氯化物，裝瓶後再把它放回貨架上銷售。雖然產品本身並沒有什麼問題，但由於人們已經對它產生了恐懼心理和不良印象，所以銷量銳減，伯克也面臨破產的危險。

在這危急的時候，吉姆．伯克發表了誠實的講話，他對人們說：「一個擁有六十億美元資產的跨國公司，就像一個孩子多、負擔重的貧困家庭……它希望用自己的眞心來換取大家的眞心……現在我們同在一艘小木筏上，隨波逐流，面臨同樣險惡而孤立無援的境地。我們應當同舟共濟共渡難關。」這些話雖然十分淺顯，但卻令人感到溫馨和感動。

伯克當初也沒想到，他誠實的話竟然換來了大家的信任、合作和諒解，不僅保住了泰米諾爾這個牌子，而且還維護了自己公司的形象，使公眾認識到，吉姆·伯克就是他們的朋友。結果，這次風波之後，泰米諾爾膠囊的銷量不但回升到了出事前的水準，而且還超出了50％。吉姆·伯克用誠實創造了奇蹟。

一個人欺騙另一個人的最明顯的動機，往往是為獲得個人好處。在這種情況下，這些人的本質是陰險的，你要正視現實，識破這些欺騙。養成真誠待人的習慣，從自身杜絕欺騙的發生。

如果你喜歡耍小聰明，過於精明從不以誠待人的話，你的不誠實將會成為導致你失敗的直接原因。所以你要馬上停止一切不誠實的行為，多從別人的角度去考慮問題、處理問題，用你的誠實來換取別人對你的信任和坦誠。

然而，很多人都在不同程度上具有不勞而獲的欲望，這種欲望引導人不知不覺地放棄了誠實。並且，它還能加深人的錯覺，讓人一如既往地做下去，對現實完全辨認不清，最終導致不良後果。所以，如果你想獲得持久性的成就，你就要控制自己這種不勞而獲的想法，養成這樣一種習慣：在做事之前，反覆檢查一下自己，以便肯定你沒有受不勞而獲想法的驅使。反之，如果你任憑不勞而獲的欲望肆意膨脹，失敗遲早在等著你。

如果你已經具備了誠實的美德，就不要因別人說你太木訥不夠精明而放棄。你要知道，商業上沒有比「誠實」更強有力的東西，你的誠實絕不會是你成為商界明星的阻礙，而是你的一大優勢和財富。

寬容是人生的智慧

在哈佛大學商學院的必修課程中，有一部分專門研究非智力因素對一個人成功的影響。在這些非智力因素中，他們極爲突出「寬容」的價值，強調寬容是成功者的必備素質。

寬容是一種人生智慧，是建立人與人之間良好關係的法寶。一個擁有寬容美德的人，能夠對那些在意見、習慣和信仰方面與你不同的人表示友好和接受。寬容不僅對你的個人生活具有很大的價值，而且對你的事業有重要的推動意義。一個人經歷一次寬容，就可能會打開一扇通向成功的大門。借助寬容的力量，你可以實現自己偉大的夢想，成就自己的事業。

鮑伯是一個工廠的老闆。有一次，生產線上有一名工人喝得酩酊大醉後來上班，吐得到處都是。廠裡立刻發生了騷動：一個工人跑過去拿走他的酒瓶，領班接著又把他護送出去。

鮑伯在外面看到這個人昏昏沉沉地靠牆坐著，便把他扶進自己的汽車送他回家。他妻子嚇壞了，鮑伯再三向她表示什麼事都沒有。「不，卡特不知道，」她說，「老闆不允許工人在工作時喝醉酒。卡特要失業了，我們該如何是好？」鮑伯告訴她：「我就是老闆，卡特不會失業的。」

卡特的妻子張嘴愣了半天。鮑伯告訴她，自己會在工作中盡力輔導卡特。同時也希望她在家裡盡力照顧卡特，以便他在第二天早上能夠照常上班。

回到工廠，鮑伯就對卡特那一組的工人說：「今天在這裡發生的不愉快，你們要統統忘掉。卡特明天回來，請你們好好對待他。長期以來他一直是個好工人，我們再給他一次機會！」

卡特第二天果眞上班了。他酗酒的壞習慣也從此改過來了。鮑伯的寬容令卡特很感動，他一直記在心裡。

三年後，地區性工會派人到鮑伯的工廠協商有關本地的各種合約時，居然提出一些不合理的要求。這時，沉默寡言、脾氣溫和的卡特立刻帶頭號召同事反對。他開始努力奔走，並提醒所有的同事說：「我們從鮑伯那裡獲得的待遇向來很公平，用不著那些外來『和尚』告訴我們怎麼做。」就這樣，他們把那些外來「和尚」打發走了。鮑伯用寬容贏得了工人的擁戴，取得了事業的成功。

事實證明，事業越成功的人，也就越有寬容之心。宰相肚裡能撐船，不計過失是寬容，不計前嫌是寬容，得失不久踞於心，亦是寬容。寬容可助你贏得下屬的忠誠，保持其積極進取的心；可使你不受一時得失的影響，保持對事情正確的判斷。所以，如果你想有所作爲，獲得成功，那就要學會寬容，養成能夠容忍諒解別人不同見解和錯誤的肚量。

假如你不相信這一點，不按「寬容」行事，那麼，你就永遠不可能成爲一名眞正的成功者。試想，如果你因別人的一點過錯就心生怨恨，一直耿耿於懷，甚至想報復，整日沉湎於這樣的瑣事上，那麼你還有精力發展自己的事業嗎？

有人說，寬恕是軟弱的表現。千萬不要相信這一說法。要知道，怨恨是一種被動的和侵襲性的東西，它像一個不斷長大的腫瘤，會使你失去歡笑，失去正面的前進動力。怨恨，更多是危害怨恨者本人，而非被仇恨的人。

冤冤相報撫平不了你心中的傷痕，它只能將你與傷害你的人捆綁在無休止的報復上。印度的甘地說得好，倘若我們每個人都把「以眼還眼」作爲生活準則，那麼全世界的人恐怕就要變成瞎子。

爲防止「死」在仇恨的惡性循環之中，當別人因過失而損害了你的利益時，譬如，你因朋友的出賣而被解僱，或因下屬的背叛敗給對手。你不要怨恨，也不要仇視，而是用豁達、包容的胸襟，正視你的不滿或怨恨。你最好將錯事與做錯事的人區分開，即對錯事本身感到憤怒，而不是對做錯事的人感到憤怒。你可以全面評估這個人，他的優點，他的缺點以及他做錯事時所處的環境。然後想著「讓過去的事情過去吧」，這樣你就可以做出一個寬容的認定。

當遇到與你不一致的觀點、做法時，首先你要想想別人合理的地方，爲什麼會這樣想、這樣做。然後，你再把你的做法與他們的做法相比較。你可以試著與不同風格、不同背景、不同思想的人做朋友，多觀察他們的做法，要善於採納新的觀點，這樣你才能學會寬容。

如果你發現有些人實在令你難以忍受，比如你的同事，那你可以努力找出他的一些優點，然後，再見到他時，多想想他的這些優點。並且，在與別人的談論中，你不要批評他的缺點，更不要作無謂的抱怨。

無論如何，你要記住寬容的前提：每個人都會犯錯誤，而且每天都在犯錯誤；每個人都不完美，而且每個方面都不完美。當遇到你無法容忍的情況時，馬上默念這一段，時間一長，你就會用寬容之心理解別人、對待別人了。

吃虧是福

有一個盲人在夜晚走路時，手裡總是提著一個明亮的燈籠，別人看了很好奇，就問他：「你自己看不見，爲什麼還要提燈籠走路？」

那個盲人滿心歡喜地說：「這個道理很簡單，我提燈籠並不是給自己照路，而是爲別人提供光明，幫助別人。我手裡提燈籠，別人也容易看到我，不會撞到我身上，這樣就可以保護自己的安全，也等於幫助自己。」

生活的祕訣就在於奉獻。

一個人如果能夠不斷地獨善其身並兼善天下，那他就明白了人生的眞諦。那種精神不是金錢、名譽、讚美所能比擬的。只有擁有奉獻精神的人才會取得眞正的成功，而奉獻也正是一個人成功價值的最好表現。

奉獻，是高於一切的動機，有了這種動機，你就可以達到你所嚮往的人生高度，並且能夠深得人心。這就是奉獻的威力，它能激發出讓你難以置信的能力，改寫一個人的命運，甚至能使一個身無分文的人成爲傳奇人物。

一九三三年，經濟危機籠罩著整個美國，大小企業紛紛破產，有些尚存的企業也是如履薄冰，小心翼翼。而就在這種危機重重的時刻，哈里遜紡織公司發生了一起大火災，整個工廠淪為一片廢墟。三千多名員工回到家裡，悲觀地等待著老闆宣布破產和失業風暴的來臨。

在漫長的等待中，老闆的第一封信到了。信件沒提任何條件，只通知每月發薪水的那天，照常去公司領取這個月的薪水。

在整個美國一片蕭條的時候，能有這樣的消息傳來，員工們大感意外，他們紛紛寫信或打電話向老闆表示感謝，老闆亞倫·傅斯告訴他們，公司雖然損失慘重，但員工們更苦，沒有工資他們無法生活，所以，只要他能弄到一分錢，也要發給員工。

三千名員工一個月的薪水是一筆不小的款項。紡織公司已經化成一片廢墟，別說是處在經濟蕭條時期，就是在經濟上升時期也很難恢復元氣。既然恢復無望，亞倫·傅斯還要自掏腰包給已經沒有工作的工人發工資，那不是愚蠢的行為嗎？當時，曾有人勸傅斯，你又不是慈善機構，這時候，你不趕緊一走了之，卻還給工人發工資，真是瘋了。

一個月後，正當員工們為下個月的生計煩惱時，他們又收到老闆的第二封信，信上說再支付員工一個月的薪水。

員工們接到信後，不再是意外和驚喜，而是感動得熱淚盈眶。在失業席捲全國，人人生計無著，即使上班也有可能拿不到工資的時候，能得到如此的照顧，誰能不感念老闆的仁慈與善良呢？第二天，員工們陸陸續續走進公司，自發地清理廢墟，擦洗機器，還有一些主動去南方聯繫中斷的貨源，尋找好的合作夥伴。

三個月後，哈里遜公司重新運轉了起來，這簡直就是一個奇蹟。這個奇蹟是員工們使出渾身解數，恨不得每天二十四小時全用在工作上，日夜不停地奮鬥所創造出來的。

就這樣，亞倫·傅斯用他的奉獻精神，使自己的事業起死回生，然後又蒸蒸日上。現在，這個公司已經成爲美國最大的紡織公司，分公司遍布五大洲六十多個國家。

奉獻在給予的同時也是收穫。即如果你播種奉獻的種子，予人以所能給予的，那麼，奉獻之果必會循環回報給你。當你奉獻的越多，得到的就越多。

凡是眞正的成功者，都是樂於奉獻的人，他的一切作爲都不存私心，只求竭盡全力做好。像鋼鐵大王卡內基，把自己一生的資產都捐給了圖書館；老一代「捐錢大王」洛克菲勒，把賺到的錢通過設立基金和建大學的形式捐了出去；著名企業家福特，懷著要讓普通大眾都開上汽車的奉獻精神，終於讓汽車開進了普通美國家庭；還有香港著名企業家李嘉誠，十幾年來他幾乎每年都向內地捐助一億港元以上的資金，幫助祖國舉辦公益事業……

他們都是世界級的富翁，他們也都有偉大的奉獻精神。人們會永遠記住他們，因爲他們用奉獻表現出了自己的成功價值，使國家、世界都受益。

或許你心中已有奉獻的萌芽，那就好好培育它，讓它茁壯成長，這會加強你的自我認定，相信自己的確就是「這種人」眞正關心，拿出行動，造成改變，你將會發現事業上沒有什麼困難，因爲你知道什麼才是「眞正」的困難。

當你把奉獻的目光擴及到自己的家人、社區、社會乃至更大的世界，你將會得到恆久的成就感。那時，你自己就是一個英雄，一個眞正的成功者。

不要以爲奉獻就是要向福利機構大額捐款。在生活中，你處處可以奉獻。當別人遇到困難，你伸出援助之手去幫助他，即使微不足道，只要盡了一己之力，也會有很大的意義，這可能會讓他感到人間溫暖，對人生重燃希望。千萬不要袖手旁觀，要知道，一句暖人心扉的話，一份富有愛心的贈與，都是奉獻，它不在多寡，而在於你做了沒有。

你要相信每個人都有與生俱來成爲成功者的本質，只要邁出那奉獻的一步，你就能扭轉自己的人生，就算一時看不到成果，但日後務必能使你走向成功。以誠摯與無私的博大胸懷、高尚的品格去奉獻社會，你就能體驗到生命中最大的快樂和眞正的成就感。

學會關懷、學會愛

一次，一個哲學家問他的學生們：「世界上最可愛、最寶貴的財富是什麼？」學生們聽了，便爭先恐後地站起來回答，各抒己見。最後一個學生回答道：「世界上最可愛、最寶貴的東西，是愛心。」那哲學家說：「的確，他們所有的回答，都被你這兩個字所包含，因爲愛心比那千萬家產有價值的多。而且有這種財富的人，常不用花一分錢的代價，也能做出偉大的事業。」

絕非虛言。人生的美德再沒有比愛心來得更寶貴了。它是一切美好事物的源頭。當你獻出心中的愛時，得到的愛會成倍地增加，甚至一個小小的愛心之舉就會改變你的命運，讓你一舉成名。

韓國韓進企業集團的董事長趙重熏，原來只是在仁川經營貨運生意的一名司機，由於當時司機這一行業是很低賤的工作，所以他設立的韓進商場發展得一直很慢。使他眞正發達起來的轉折點，就是他做了一件富有愛心的事。

一天，趙重熏由漢城開車前往仁川，經過富平時，看到路旁有輛抛錨的轎車，是位美國女士的，他馬上下車熱心地幫忙修車。令人意想不到的是這位女士竟然是駐韓美軍高級將領的夫人，她在感激之餘把趙重熏介紹給自己的丈夫，從此，這位企業家開始眞正地起飛了。因爲當時朝鮮戰爭結束不久，韓國國內物資極度匱乏，全靠美軍援助。在這位駐韓美軍高級將領的幫助下，趙重熏接下了美援物資運輸這筆大生意，他開始日進斗金，快速發展起來。後來，在越南戰爭期間，他又利用和駐韓美軍的親密關係，獲得了在越南從事軍運的許可，爲此賺到了一億三千萬美元。

如今，韓進企業集團包括大韓航空在內，一年總營業額爲一兆兩千億韓幣。而這一切成就的根源，就是趙重熏的愛心。

一般人通常把愛心視爲一種偶然幸運的體驗並陶醉其中的情感。但是，對一個成功的經營者來說，愛是一種能力，一種態度，是一門需要修養和努力的藝術，其基礎就是給予、關心、責任感、尊敬和了解。如果你不努力掌握經營愛心的藝術，那麼，你的所有的經營意圖都注定不成功。因爲要想贏得別人的「愛」，必須先從自己關愛別人開始。對愛心吝嗇的人，只能得到別人的冷漠而走向失敗。

很多上班族都因上班時間限制，在接送孩子上學這個問題上大傷腦筋。失業司機李松透過這一現象看到了商機，便開了一家家政服務部，專門負責接送孩子上學。剛開始時，很多家長都跟他聯繫，讓他接送孩子。但李松認爲自己不是爲了替人分憂，而純粹是爲了賺錢。營業後，他對孩子們缺乏愛心和耐心，在接送的途中，有的孩子口渴了他不給喝水，有的孩子吵鬧打架他也不予制止，甚至有的孩子尿急他也不理不睬，並且還經常出現漏接孩子的現象，這使得家長們整日爲孩子提心吊膽。才過了兩個月，就再也沒有孩子願意讓他接送了，他的家政服務部也只好「關門大吉」了。而離他不遠的另一家服務部則與他的經營方式完全相反，他們在接送車上備好了食品、開水和玩具，對孩子們細心照顧，並且經常給孩子們講一些有趣的故事，這些做法贏得了家長的信任和孩子們的喜愛，他們的生意也日益興盛起來。

要知道，愛別人就是愛自己。你在送別人一束玫瑰的時候，自己手中也留下了最持久的芳馥。要想成功，就必須富有愛心。

但是要培養出良好的「愛」的藝術並非輕而易舉的事，它需要通過自身的努力實踐而獲得。在生活中，你要處理好與同事、鄰里和上司的關係，一旦他們有什麼困難需要幫助時，你就要挺身而出，幫他們做一些能力所及的事。

當你看到陌生人有困難時，你也不要因爲不認識而放棄了愛心。要知道，他們正渴望著你的援助之手。這時候，你給他們一點關心，對他們來說就像雪中送炭一樣重要。

你還要放棄仇視心理，不要斤斤計較小事，別人因過失甚至故意損害了你的利益，你也不要老記在心裡，甚至想去報復。斤斤計較這樣的小事，會增加你的心理負擔，讓你的心理得不到寧靜，自然會破壞你的愛心。而缺乏愛心，是你獲得成功的最大敵人。

最後，你要加強自我修養，多向一些修養好、品德高尚、富有愛心的人學習。畢竟人生因爲有愛才有意義、有激情。而能使你走向成功的動力，也正是愛心。

自信做事，謙遜做人

富蘭克林年輕時就是個才華橫溢的人，但同時他也很驕傲輕狂。對此，他渾然不知。

有一天，富蘭克林到一位老前輩家去拜訪，當他準備從小門進入時，因爲門框低了些，他高昂著的頭被狠狠地撞了一下。這時，出門迎接的老前輩告訴富蘭克林：「很痛吧！可是，這將是你今天來這裡的最大收穫。如果你想實現自己的理想，就必須時時記得低頭。」

富蘭克林猛然醒悟，也發覺自己正面臨失敗和社交悲劇的命運。從此他改掉了驕傲的毛病，決心做一個謙遜的人。也就是因爲具有了這一美德，他得到了人們的廣泛支持，在事業上取得了巨大成功，成爲了美國開國元勳之一。

你可能也會有這樣一種體會：越是謙遜的人，你越是喜歡找出他的優點；越是把自己看得了不起，孤傲自大的人，你越會瞧不起他，喜歡找出他的缺點。這就是謙遜的效能。

所以，平時要謙遜地對待別人，這樣才能博得人家的支持，爲你的事業奠定基礎。當你以謙遜的態度來表達自己的觀點或做事時，就能減少一些衝突，還容易被他人接受。即使你發現自己有錯時，也很少會出現難堪的局面。

在柯金斯擔任福特汽車公司經理時，有一天晚上，公司裡因有十分緊急的事，要發通知信給所有的營業處，所以需要全體職員協助。當柯金斯安排一個做書記員的下屬去幫忙套信封時，那個年輕職員傲慢地說：「那有礙我的身分，我不做！我到公司裡來不是做套信封工作的。」

聽了這話，柯金斯一下就憤怒了，但他平靜地說：「既然做這件事是對你的污辱，那就請你另謀高就吧！」

於是那個青年一怒之下就離開了福特公司。但因爲他仍聽不進別人的話，所以他跑了很多地方，換了好幾份工作都覺得很不滿意。他終於知道了自己的過錯，於是又找到柯金斯，誠摯地說：「我在外面經歷了許多事情，經歷得越多，越覺得我那天的行爲錯了。因此，我想回到這裡工作，您還肯任用我嗎？」「當然可以，」柯金斯說：「因爲你現在已經能聽取別人的建議了。」

進入福特公司後，那個青年變成了一個很謙遜的人，不再因取得了成績而驕傲自滿，並且經常虛心地向別人請教問題。最後他成爲了一個很有名的大富翁。

越是有涵養、穩重的成功人士，態度越謙虛，相反，只有那些淺薄地自以爲有所成就的人才會驕傲。美國石油大王洛克菲勒就說：「當我從事的石油事業蒸蒸日上時，我晚上睡前總會拍拍自己的額角說：『如今你的成就還是微乎其微！以後路途仍多險阻，若稍一失足，就會前功盡棄，切勿讓自滿的意念侵吞你的腦袋，當心！當心！』」

「發明大王」愛迪生就因驕傲而做了一件遺憾終生的事。在他的晚年，由於對自己的成就產生了驕傲的心理，使得他在自己最拿手的領域裡，犯了個大錯誤。他固執地堅決反對交流輸電，一味堅持直流輸電，結果導致事業慘敗。原來以他的名字命名的公司被迫改爲「通用電器公司」，而實行交流輸電的威斯汀豪公司至今仍存在著。正所謂「英雄遲暮，驕則自誤」。

人一但產生驕傲情緒，評判事物的標尺就會失衡，就不能再正確地看待自己，因爲你被自己頭上的那層光環迷住了雙眼。伴隨著歲月無聲的流逝，你自以爲已經走了很遠的路，有一天當你突然醒來一看，才知道自己還停留在當初的出發點上。

時時標榜自己做了什麼，那只是一種極端無知的表現，是一種淺薄的虛榮。而且如果你因一次成功，從此就一直這麼欣喜若狂，時時總是表現出一種優勝者的得意忘形和驕傲自滿，別人雖不至於說你是瘋子，大概也決不會敬佩你，而只會鄙視你。更可悲的是，「成功」也會冷落你，決不會讓你再次品嚐到成功的快樂。因爲成功的路是無止境的。

金錢就像流水一樣，由高處往低處流，愈到下游，覆蓋的面積越大，土地也越肥沃。賺錢的情形就是這樣，採取低姿態，擁有謙遜和氣的態度，滿懷感激之心的人，人們就樂意幫助他，推崇他，金錢也會順流向他而去。正所謂和氣生財。

一家五星級飯店招募新人時，有一個素顏的女孩走進面試會場。她的臉上洋溢著令人難忘的笑容和自信。

可是，主考官卻對她說：「很抱歉，我們公關部非常在意外表和形象，你不能被錄取。」

這話多傷人啊。女孩站起來，欲轉身離去。但就在這一剎那，女孩又轉過頭，義正詞嚴地對主考官說：「其實，你不錄用我可以不需要任何理由，但是您給了，而且卻恰恰是一個我無法接受的理由。我可以用二分鐘的時間換一套衣服，用五分鐘的時間化完妝，但是我認爲，我勤勤懇懇二十年所做的努力和求得的學識是無法用外表來衡量的，你們選人的眼光實在令我難以認同！」

說完，她對著主考官深深鞠了一躬，轉身離去。

第二天，大家在錄用榜上看到了她的名字。

然而女孩只是笑笑，起身走出人群，後面有人提醒她可以去簽約了。她卻淡淡地說：「其實，我一直很抱歉我昨天的無禮，做人最寶貴的精神是謙虛，我不希望我是靠這種傲慢的爭辯來到這家公司的，所以，我不能去。」

當你感覺被驕傲自大的情緒所控制時，多想想這個因「驕傲」拒絕工作的女孩吧，也像她那樣告誡自己：我沒什麼了不起的，生命太短促了，不要在別人面前吹噓什麼，使得人家不耐煩，自己需要做的事還有很多呢。

你可以更加深刻地認識自我，知道自己有哪些長處，有哪些短處，有什麼優點，有什麼缺點。如果你能把自己放在這樣一個不斷被認識的境地，你的驕傲自滿情緒就會煙消雲散，並且能在謙遜中找到自己的座標。

你還可以試著欣賞你所遇見的人的優點。要知道人外有人，天外有天，千萬不要因一己之長而看不到別人的長處。抱著學習的態度去欣賞別人，評價別人，重視別人的價值，這樣驕傲就不會在你身上出現。

總之，你在所有的行爲中都要努力保持謙遜的作風，虛心地請教問題，虛心地改正缺點，虛心地對待批評，這樣你就會成爲一個謙虛的人。而一旦你具有了謙遜這一美德，成功也就離你不遠了。

忠誠是一張永遠保值的長期支票

在一項對世界著名企業家的調查中，當問到「你認爲員工最應具備的品德是什麼」時，他們幾乎無一例外地選擇了「忠誠」。

忠誠是最應値得重視的美德，因爲整個企業或團體的發展與壯大都是靠個人的忠誠來維持的。如果所有的員工對企業都採取敷衍的態度，那這個企業的結局一定會是破產，那些不忠誠的員工也自然會失業。

只有所有員工對企業忠誠，他們才能發揮出團隊力量，使企業走向成功。同樣，一個人也只有具備了忠誠的品德，他才能取得事業的成功。

如果你能忠誠地對待工作，這樣才能贏得上司的信賴，安排給你一些重要的任務，從而有晉升的機會，在這樣一步一步前進的過程中，你就不知不覺提高了自己的能力，爭取到了成功的砝碼。

露寶是微軟公司總裁比爾．蓋茲的第二任女祕書。在到微軟工作時，她已經四十二歲了，並且是四個孩子的母親，而比爾．蓋茲當時才二十一歲，正是創業之初。

當露寶的丈夫知道了情況後，就警告她，要特別留意到月底時微軟公司是否發得出工資。而露寶沒有理會丈夫的忠告，她想：一個如此年輕的董事長創辦事業，遇到的困難恐怕會很多吧。她開始以一個成熟女性特有的縝密與周到，考慮起自己今後在娃娃公司應盡的責任與義務。

蓋茲的行為頗異於常人，他通常中午到公司上班，一直工作到深夜，每週七天，莫不如是。於是，關心蓋茲在辦公室的起居飲食，就變成了露寶日常工作的一項內容，這使蓋茲感到了一種母性的關懷與溫暖，減少了遠離家庭而帶來的不適感。

露寶也是蓋茲在工作上的好幫手。微軟公司離亞帕克基機場只有幾分鐘的車程，所以，蓋茲每次要出差時，常常都會在辦公室處理事情到最後時刻才開車前往機場。為了趕時間，他沿途經常超車，甚至闖紅燈。這種事多了，露寶不免為蓋茲擔心，請求蓋茲提前十五分鐘去機場，並且每次她親自督促。蓋茲對露寶的執著與忠誠表示感激和無奈。

露寶把微軟公司看成一個大家庭，她對公司的每個員工，對公司裡的工作都有一份很深的感情。很自然，她成了公司的後勤總管，負責發放工資、記帳、接訂單、採購、影印文件等事務。

露寶成了公司的靈魂，給公司帶來了凝聚力，蓋茲和其他員工對露寶，也有很強的依賴心理。當微軟公司決定遷往西雅圖，露寶因為丈夫在亞帕克基有自己的事業而不能走時，蓋茲對她依依不捨，留戀不已。

三年後的一個冬夜，西雅圖的濃霧持續不散，因缺得力助手而心情鬱悶的蓋茲獨坐在辦公室發愁。這時，一個熟悉的嗓音伴著一個熟悉的身影來到他面前：「我回來了。」

是露寶！她為了微軟公司，說服丈夫舉家遷到西雅圖，好讓她繼續為微軟公司效力。

隨著微軟帝國的建立，露寶也取得了事業上的巨大成功。從露寶的身上，我們可以看到忠誠的魅力，它是一個人的優勢和財富，它能換取別人的信任與坦誠，如果你有了忠誠的美德，總有一天，你會發現它會成為你巨大的財富。相反，如果你失去了忠誠，那你也就失去了成功的機會。

在一家大公司任職的張平能言擅道，且做事果斷，有魄力，所以，他很快就被提拔為技術部經理，他認為，更好的前途正等著他。

有一天，一位港商請他到「紅房子」酒吧喝酒。幾杯酒下肚，港商很正經地對張平說：「老弟，我想請你幫個忙。」

「幫什麼忙？」張平納悶地問。

「是這樣，」港商說，「最近我公司和你們公司正在談一個合作項目。如果你能把你那個部門的技術資料提供給我一份，這將使我公司在談判中處於優勢。怎麼樣，你能不能盡快幫我複製一份？」

「什麼，你是說，要我做洩露公司機密的事？」張平皺著眉頭道。

港商小聲說：「我要你幫我是有條件的，如果辦成了，我給你十五萬元報酬。還有，這事只有你知我知。對你一點兒也不會有影響。」

說著，港商把十五萬元的支票遞給張平。張平心動了。

在談判中，張平的公司損失很大。事後，公司查明眞相，辭退了張平。本可以大展鴻圖的張平因此不但失去了工作，就連那十五萬元也被公司追回以賠償損失。他懊悔不已，但爲時已晚。

一個不忠誠的人即使才華橫溢也不會成功，因爲他無法得到別人的信任，不管是上司還是下屬，都不會喜歡這樣的人。這也同時也表明：忠於別人，也就是忠於自己；背叛別人，也就是背叛自己，就是自取滅亡。

如果你渴望成功，那就要保持忠誠的美德，讓它成爲你生活與工作的一個準則，並在此基礎上逐步培養正確的道德觀，提升生活的道德層次，發展眞正的好品格，這樣，它總有一天會給你理想的回報。

首先，你要樹立「一切爲公司利益著想」的思想。在工作中，把公司的利益擺在第一位。要知道，你是公司裡的一員，公司發展了，你也才能得到發展，如果公司垮了，你也不會有什麼好下場。

其次，你不要隨便跳槽。社會學家曾指出，現代人一生當中平均要換五到六次工作。不過，在一個人的生涯中，換工作畢竟是一件大事，它是檢驗一個人忠誠度的根據，所以，你要三思而後行。你最好不要動不動就想以跳槽來改變自己的境遇，你可以在崗位上勤懇工作，努力提高自己各方面的能力，積極進取，這樣才能更好更快地接近成功。如果你一年之內連續換好幾份工作，老闆就會想：「這個人忠誠度恐怕有問題……」那你日後的麻煩可就大了。

還需要注意的是，你要拒絕對公司不利的誘惑，不要爲一己之利而損害公司，公司利益是大於你個人利益的，必要的時候，寧可犧牲自己的利益也要保全公司的利益。這樣，你就會得到公司的信任，也才能夠被委以重任。

心底無私天地寬

所謂無私，並不是指一點私心都沒有，而是指做任何事之前，都要講究公共道

德，把公眾的利益放在個人利益之前，以公眾利益爲重。因爲在這個社會上，每個人都處在一個獨一無二的點上，每一個人又都有一個完整的世界。關心自己，發展自己，實現自我是每個人的追求，這沒有什麼不合理的，沒有什麼值得非議的。其實也正是因爲人們有正常的關心自己、發展自己、實現自我的「私心」，社會才充滿勃勃生機。

人都不是生活在眞空裡，你所做的每一件事，都與別人相聯繫。一個無私的人，他不會過分計較個人私利。他寬闊的胸襟和灑脫的態度一定會感染別人，讓別人刮目相看。當他以無私的態度對待別人時，別人也會將心比心，投桃報李，回報於他。所以，無私的人會很容易在社交上、事業上贏得他人的理解、支持與幫助，從而更容易走向成功之路。

相反，一個自私的人自以爲自己很高明，處處只顧一己之利，不爲別人考慮，那樣他就會「失道寡助」，沒人願意與他共事，因而他永遠不會取得眞正的成功。

已故成功學家拿破崙．希爾曾向一家公司董事長推薦一位具有相當水準的朋友。這個朋友是個賺錢的高手，能力非常強。假若這位董事長能重用他，對公司一定有很大幫助。他的這位朋友果然備受董事長的信任。他所設計的商品，推出後沒多久，就受到大眾的歡迎，賺了一大筆錢。

可是，賺了錢的董事長卻沒有將紅利分給這位朋友，他得到的仍是固定的月薪而已。這位朋友很快就被另一家同行公司「挖」走，這位朋友對那位董事長也疏遠了。由此，失去了這位朋友，那位董事長也失去了很多賺錢的機會。

上面提到的那位董事長是位很典型的具有獨占利益觀念的人。也許他也想到這樣做不好，可是原始的戀財之心使他原諒了自己。這位董事長既有能力又有經驗，只是他的獨占之心限制了他的事業發展。

所以，人有時候不能過多地考慮個人的實際利益，而需要更多地考慮公眾利益。這看起來似乎有些傻，但這正是眞正智者的哲學，是眞正高明的成功之道。

也許你在還沒有賺錢之時，有這樣的想法：「等賺了錢，我一定要好好回報他們。」「要是有錢，我一定把其中幾分之幾拿出來，分配給大家。」可是一旦錢賺到手，想法則完全變了，稍有良心的，只拿出少之又少的一部分來「犒賞」大家。這樣的你，太貪心，最終結局一定是眾叛親離。

你可以仔細研究一下那些擁有億萬資產的人，就會發現他們都有無私的精神。他們認爲賺錢不是人生最重要的事，最重要的是如何做人，做個無私奉獻的正人君子，爲社會效勞。韓國著名企業家金宇中曾說：「我把迄今所賺的錢全部交給社會，今後賺的錢也絕不放進自己的腰包。」松下電器帝國的創始人松下幸之助，也曾在日本戰敗時發表聲明說：「松下電器應採取的路線，必須是復興日本、重建日本之路。我們要集中全力在生活必需品的生產上，這就是我們當前的使命。」他還特別強調：「所謂實業人的使命，就是要克服貧窮，不能只爲一個企業、一個人，而要使社會全體脫離貧窮，達到富有。」他的聲明在字裡行間都飽含著一個企業家對國家、對社會公眾的精誠效忠精神，這種無私的美德感動了日本國民，松下也受到了人們廣泛的支持與愛戴，這也是松下在事業上孜孜以求並不斷走向成功的依託和根基。

培根說：「一個最可惡的人，是一切行動都以自我爲中心，就像古人將地球視爲中心，想讓其他星體在其周圍繞行一樣。」你要想在現實的生活中站穩腳跟，賺取財富，就必須拋棄「最可惡」的自私自利意識，培養自己完美的品格。

比如你覺得自己的內心私欲正愈加膨脹時，就應該趕快抑制這種欲望，探討一下有沒有一種希望「獨霸一切」的心理在作祟。

必須記住：無論你的私欲是否應該，它的結果只會阻止你的前進，而不會帶給你絲毫的好處。一個人只要心中出現一點貪婪或私心雜念，本來的剛直性格就會變得懦弱，聰明就會變得昏庸，慈悲就會變成殘酷。

正直是推動成功的內因

心理學家研究表明，正直作爲崇高的道德感情，會對人的思維及其結果產生積極影響，從而成爲追求成功的巨大動力。而卑下的感情則會對思維活動產生消極的影響。

假如你沒有伴隨正直而生的智慧，你往往就會去追求眼前可以帶來甜頭的事物，甚至會誤入歧途，很難邁向全方位的「個人卓越」。反之，如果你能建立正直的道德標準，就可以掃除眾多阻礙，而獲得個人眞正的成功。

正直的品格相對於成功還有另一個更爲重要的貢獻。絕大多數人的成功，都需要他人的協助與合作。但是你要想獲得他人的幫助和支持，就必須讓他深信的確值得助你一臂之力。而正直的美德會成功地把你推銷出去，讓他人信任你，與你維持滿意的互助關係。

一個人是否正直，決定了一個人的形象。你只有保持正直的品行，才會具有足夠的吸引力和征服力，從而在事業上大有作爲。

克里丹・斯特是美國一家電子公司很出名的技術員。這家電子公司是一個小公司，在日益激烈的市場競爭中，時刻面臨著規模較大的比利孚電子公司的壓力，處境很艱難。

有一天，比利孚電子公司的技術部經理邀斯特共進晚餐。在飯桌上，這位部門經理問斯特：「只要你把公司裡最新產品的數據資料給我，我會給你很好的回報，怎麼樣？」

一向溫和的斯特一下子就憤怒了：「不要再說了！我的公司雖然效益不好，處境艱難，但我決不會出賣我的良心做這種事，我不會答應你的任何要求。」

「好，好，好。」這位經理不但沒生氣，反而頗為欣賞地拍拍斯特的肩膀，「這件事當我沒說過。來，乾一杯！」

不久，發生了令斯特很難過的事，他所在的公司因為經營不善破產了。斯特失業了，一時又很難找到工作，只好在家裡等機會。沒過幾天，他突然接到比利孚公司總裁的電話，請他去一趟總裁的辦公室。

斯特百思不得其解，不知「老對手」公司找他有什麼事。他疑惑地來到了比利孚公司。出乎斯特意料的是，比利孚公司總裁熱情接待了他，並且拿出來一張非常正規的聘書——請斯特去公司做「技術部經理」。

斯特嚇呆了，喃喃地問：「你為什麼這樣相信我？」

總裁哈哈一笑說：「原來的部門經理退休了，他向我說起了那件事並特別推薦

你。小伙子，你的技術水準是出了名的，你的正直更讓我佩服，你是值得我信任的那種人！」

斯特一下子醒悟過來。後來，他憑著自己的技術和管理能力，成爲了一流的職業經理人。

有哲人說過：「幾何以直線爲最近，修身以正直爲最好。」那麼，應該怎樣才能培養自己正直的美德呢？最簡單的辦法，就是成爲這種人。除此之外，別無可行之道。

若想有正直的形象，最好的辦法就是內心正直；若想用正直贏得他人信賴，最可靠的辦法就是讓自己眞正值得信賴。

因此，要想給人留下正直的形象，只有逐步培養正確的道德觀，提升生活的道德層次，發展正直的品格，這樣你才能獲得眞正成功的條件。

然而在許多人心目中，「正直」一詞也許早已變得非常落伍，儘管從沒有人敢宣稱正直的人就是傻瓜，但的確有不少人已不把正直的品行放在心上——他們追求的一切東西，看起來都無需什麼品行、道德來加以保障。也有許多人，只知虛情假意，故作姿態地拚命塑造正直的表面形象，卻不願培養眞正的正直的品格。他們也許認爲，只有蠢貨才會那麼看重正直的品格。

不過，現實完全不像這些自甘「墮落」的人所認爲的那樣簡單。在努力邁向成功的過程中，正直的重要性，絲毫不遜於智力，也不遜於做事技巧。當一個人失去了正直的美德，他也就失去了獲得成功的基本條件。一旦遭遇困難，往往易被擊敗。

多留餘地，惠人利己

古人云：「處事須留餘地，責善切戒盡言。」留餘地，就是不把事情做絕，不把事情做到極點，於情不偏激，於理不過頭。這樣，才會使自己得以最完美無損的保全。在平時的工作與生活中，給別人留有餘地，同樣是一種可以幫你成功的美德。

戰國時，楚莊王賞賜群臣飲酒，他的寵姬作陪。日暮時正當酒喝得酣暢之際，燈燭被風吹滅了。這時有一個人因垂涎於楚莊王美姬的美貌，加上飲酒過多，難於自控，便趁燭滅混亂之際，抓住了美姬的衣袖。

美姬一驚，奮力掙脫，並順勢扯斷了那人頭上的繫纓，私下對楚莊王說要查明此事，並嚴懲此人。莊王聽後沉思片刻，心想：「賞賜大家喝酒，讓他們喝酒而失禮，這是我的過錯，怎麼能爲女人的貞節而辱沒將軍呢？」於是命令左右的人說：「今天大家和我一起喝酒，如果不扯斷繫纓，說明他沒有盡歡。」於是群臣一百多人都扯斷了帽子上的繫纓，待掌燈之後，大家繼續熱情高漲地飲酒，一直飲到盡歡而散。

過了三年，楚國與晉國打仗，有一個臣子常常衝在前邊，最後打退了敵人，取得了勝利。莊王感到驚奇，忍不住問他：「我平時對你並沒有特別的恩惠，你打仗時爲何這樣賣力呢？」他回答說：「我就是那天夜裡被扯斷了帽子上繫纓的人。」

正因爲楚莊王給臣子留了餘地，才換來了下屬的忠心耿耿。

留餘地，其實包含兩方面的意思，給別人留餘地，無論在什麼情況下，也不要把別人推向絕路，迫使對方做出極端的反抗，這樣一來，事情的結果對彼此都沒有好處。另一方面，給別人留餘地的同時，也是給自己留餘地，讓自己行不至絕處，言不至於極端，有進有退，以便日後更能機動靈活地處理事務，解決複雜多變的問題。

日本松下公司的創始人松下幸之助以其管理方法先進，被商界奉爲神明。他就善於給別人留有餘地。

後籐清一原是三洋公司的副董事長，慕名而來，投奔到松下的公司，擔任廠長。他本想大有作爲，不料，由於他的失誤，一場大火將工廠燒成一片廢墟，造成公司很大的損失。後籐清一十分惶恐，認爲這樣一來不僅廠長的職務保不住，還很可能被追究刑事責任，這輩子就完了。他知道平時松下是不會姑息部屬的過錯，有時爲了一點小事也會發火。但這一次讓後籐清一感到欣慰的是松下連問也不問，只在他的報告後批示了四個字：「好好幹吧。」

松下的做法深深地打動了後籐清一的心，由於這次火災發生後沒有受到懲罰，他心懷愧疚，對松下更加忠心效命，並以加倍的工作來回報松下。

松下給下屬留有了餘地，也給自己留下了更快發展的餘地。給別人留餘地，本質上也是給自己留餘地；不給別人留餘地，就等於伸手打別人耳光的同時，也在打自己的耳光。

亨利．福特就曾犯下過這樣的錯誤。

李．艾柯卡剛進福特公司時只是一名低階的推銷員，後來他推出新的推銷方案「五十計畫」，使他負責的地區從全公司銷售最差一躍成爲各區之首，一下子轟動了福特公司總部，他的職位也得到了晉升。不久，他主持設計的「野馬」車又爲公司創造了數十億美元的利潤。一九六五年，他開始出任公司的轎車和卡車系統的副總經理。經過十多年的奮鬥，憑著天才的推銷能力和傑出的研發組織能力，艾柯卡步步高陞，成爲了福特汽車王國的高層管理人員。

俗話說「功高震主」。艾柯卡的巨大成功招致了公司獨裁者福特的嫉妒，使他越來越厭惡艾柯卡。福特對艾柯卡日增的威望深感不安，他不願意看到在自己的王國裡有一個功高震主的人與自己分庭抗禮，他更害怕福特公司會被艾柯卡奪走。於是，他毫不留情地解僱了艾柯卡。

艾柯卡在福特公司任職三十二年，當了八年經理，卻被突然解僱。從巔峰墜入冰谷，這對艾柯卡來說打擊是非常大的。昔日的朋友遠離了他，妻子被氣得心臟病發作，連女兒也罵他無能。他形單影隻，成了世界上最孤獨的人。但他不是個隨便退縮的人，既然福特與他化友為敵，他就要把這個對手的角色扮演下去。

艾柯卡轉而投奔克萊斯勒公司，經過一番努力，他領導的克萊斯勒公司在極短的時間內就搶去了福特公司的大部分市場，並很快躍到福特公司的前面。這個時候，福特開始後悔當初的做法。

所以，你要培養自己的這種美德，切忌如下「四絕」：

權力不可使絕；

金錢不可用絕；

言語不可說絕；

事情不可做絕。

自重者人恆重之

一份成功至少由一種美德支撐，這種美德也許就是自重。機會垂青於自重的人。自重，是人類靈魂的支撐點，是成功的基石。在一個人的生命與成功的起承轉合中，自重起著不可忽視的重要作用。擁有它，你可以撬起成功這塊巨石。因爲，自重者人恆重之。自重的人更容易獲得他人的尊重和理解，使他能夠瀟灑自如地面對人生，實現自己的人生價值。

一個人自重的程度，對於他生活的各方面都會產生深刻的影響。它決定了你如何工作，如何與人交往，決定了你能攀得多高，你可能取得多大的成果。

若有了高度的自重，你的言行舉止就像出自一個有思維能力的人，它能激發你的行爲舉動，讓你的生活更好。如果你缺乏自重，那麼你就不能充分認識自己的行爲，禁不住各種誘惑，最後必以失望和痛苦告終。

美國某化妝品公司近年崛起之後在行業內一枝獨秀，由於經營較好，效益連年增長。其年輕的總經理史密斯先生引領著公司在化妝品界出盡了風頭。這引來了同行們的嫉妒，他們決心聯合起來搞垮史密斯的公司。

史密斯一直與下屬保持良好的關係，很受員工們的尊敬和愛戴。他手下有一個女祕書，長相迷人，長久以來總是沉默寡言，但工作做得很好，所以史密斯很信任她的工作能力。可是經過一段時間後，他發現這位女祕書變了，和他說話漸漸多了，而且衣著上也發生了明顯的變化，越來越暴露了。終於有一天，他發現他的辦公桌上放著一張紙條，署名是那位女祕書，她不僅表明了愛慕他的心跡，還約他晚上去酒吧喝酒。

晚上，史密斯先生應約前往，她早已等候多時。史密斯注意到她打扮得特別嬌艷，而且穿得令人一看就想入非非。兩人坐在一起談了起來。

女祕書慢慢向他靠近，再次向他表明了心跡，而後拉著他的手說願意嫁給他。史密斯大吃一驚，而後故作糊塗地說：「我也很喜歡你，不過你要嫁給我得經過我妻子的同意。」女祕書暗吃一驚，轉口說：「那我可以做你的情人，反正我非常喜歡你。」史密斯聽後，忙岔開話題道：「我明晚想回請你吃飯，可以嗎？不過我妻子也想和我一塊參加。」女祕書只得婉言推辭了。

女祕書一計不成，又生一計。某日她推說自己有病，將史密斯騙到了她的寓所，而後她穿著近乎透明的睡衣出現了。她故意擺出一副嬌滴滴的樣子，勾引史密斯上鉤，這回史密斯義正詞嚴地拒絕了她。

第二天，史密斯就下了逐客令，將女祕書解僱了。而那名女祕書很快在另一家曾是史密斯公司競爭對手的化妝品公司上班了。原來，女祕書已經被對手收買了，希望藉由勾引他，然後迫其就範，以購併他的公司。

史密斯知道後禁不住出了一身冷汗，暗自慶幸自己沒有上鉤。當公司裡員工知道這件事以後，對史密斯更加尊敬了，工作起來也盡心盡力、兢兢業業。史密斯的公司也因此更加聲名顯赫。

與史密斯產生鮮明對比的是某一鋁廠的趙廠長，他因不自重而使工廠遭受重大的損失。這還得從頭說起。

該鋁廠生產的鋁錠質優價廉，是市場上的搶手貨。某一個貿易公司想插足其間，都被婉言謝絕。後經一「行家」指點迷津，才恍然大悟，遂依計行事。

透過關係，貿易公司邀請趙廠長吃飯喝酒，酒酣耳熟後，濃妝艷抹的朱某陪伴東倒西歪的趙廠長去賓館休息。在朱某的挑逗下，醉意朦朧的趙廠長準備上床進入溫柔之鄉。不料，就在這時，門「吱」地一聲開了，貿易公司的經理及幾個業務員站在門口，手裡還拿著照相機，朱某一反嬌態哭了起來。趙廠長這時才清醒過來，嚇得差點趴下。因爲這事如果傳出去，他就徹底完了。從此，貿易公司每年都理直氣壯地從鋁廠購得千餘噸鋁錠，每噸差價高達五百餘元人民幣。

自重可以助你成功，而缺乏它則就毀了前途，聰明的你，知道應該怎樣選擇了吧？

魅力、迷人、吸引力……這些詞多動聽呀！可是只有自重的人才能眞正擁有它們，而只有擁有它們，你才能聚集人氣。

總之，自重的價值不僅僅在於讓你感覺更好，它還可以讓你生活得更好，它能幫助你更堅強地迎接挑戰，抓住機遇，走向成功。所以，在以後的日子裡，你還是拒絕金錢、美色等不正當的誘惑，做一個自重的人吧！

自以爲是會讓你失去別人的好感

世上有一種人，天生具有一種獨特的才能：對於任何一個主題，哪怕他只學了點皮毛，所知不多，他也會採用吹噓、誤導等方法，用籠統的說法概括一切，誇大的近乎說謊等手段讓自己像老手一般，口若懸河，使聽者如癡如醉。

這種人就是生活中的自以爲是者。

不要妄下結論，覺得自己根本不屑這種自以爲是的行爲。難道你不曾有過爲自己還沒有想過的，甚至不一定相信的想法辯護的經驗？也許你在某個地方讀了點什麼，對之深信不疑，在別人面前，立刻表現出對這件事好像無所不知的樣子，但其實你根本不太確定或完全是「門外漢」，那麼你也是個自以爲是的人。

你的誇大其辭，雖無法一直愚弄所有的人，使所有的人思想脫離正軌，但是在很多情況下，卻可以愚弄部分人，而且有一部分人還會一直受到愚弄，這是因爲自以爲是的你總是能得到某些注意力。

迪娜對投資的事最在行，而且對於相關的研究也投注了全部的心力。然而，卻是李奧在支配整個會議。事實上，李奧對各種基金表現所持的論調根本就是一派胡言。爲贏得聽眾的注意力，李奧說起話來，就沒有人能讓他停下來。

「李奧」，迪娜抗辯著：「這些基金是……嗯，如果你看看它們過去的表現……」她努力想提出資料，但是卻不知道要怎麼做才能及時制止。

「迪娜，如果你有這類問題，或任何其他問題，請儘管問！」李奧一秒也不停地說，然後再對那些著了迷的觀眾說道：「我完全了解你們的需要。當然，選擇正確的投資對我來說是易如反掌的事！是呀，簡直不費力氣！實際上，我還有點樂在其中呢！你們知道嗎？我就是有這種天分。而且，這些基金我已經注意了好多年了，表現棒極了。相信我，絕沒有錯！」

表現棒極了？

迪娜從他的話中就可以知道，李奧對這些基金一無所知。然而每個人都隨著李

奧肯定的說辭而熱情起舞。沒有人知道連李奧自己都根本不知道自己在說些什麼。

就像其他的自以爲是者一樣，李奧的行爲偏差源於他想獲得別人的讚許。要是他覺得遭人輕視，他很可能會增加籌碼，比以前更加賣力地表演，吸引別人的注意力。自以爲是者的行爲也是很堅定的，他們會毫不顧忌地強行打斷並插入別人的談話，這一切對於自以爲是者而言，就猶如聚光點之於演藝人員。

你一旦在生活中扮演了自以爲是的角色，你就很難再接受別人的意見，你或許總以爲別人是同意你的說法的。比如，你與聽者能很快地建立起共識。其實，這只不過是你一廂情願的錯覺罷了，這種共識只存在你自己的心中。

自以爲是對於你的生活和事業發展，可以說有百害而無一利。

開始的時候，不知詳情的人們對你錯誤的訊息，還蠻有興趣，或者堅信不疑跟著起舞。但一段時間過後，人們就會發現，你只不過是個喜歡讓人注意的大嘴巴，是個愚蠢的大草包。這時，無論你怎麼努力演講，也得不到人們的回應、注意、尊敬和鼓勵。以至於即使是你最大的努力和不錯的想法，也會被人們棄如敝屣，這樣，連你眞正應得的注意力也付諸東流。

總之，一個自以爲是者的最終結局，只有更深的孤立和對立，更大的失敗。

而如果你此刻正深陷自以爲是的泥淖，捫心自問，相信你不得不承認，一個自以爲是的人日子並不好過。因爲你必須一直做秀，要隨時隱藏內心不安的感覺；爲保住面子，你還要編足理由，隨時應對別人的種種疑問，爲自己圓謊……弄不好，你就會被自以爲是套牢。

假如你不想出這個醜的話，不管此刻你已經離眞理有多遠，也要想盡法子把自己拉回眞理的方向，澄清事實，承認自己的無知，用「知之爲知之，不知爲不知」，極力改變自己昔日自以爲是的「半瓶醋」行爲，改變在他人心目中的不良印象。這也許需要較長的時間，但對你來說絕對是值得的。

第三篇

圓外有方處世——決定你在M型社會中的位子

很多人只把工作當作賴以生存的手段，而缺少責任感，因此很難真正愛上自己的工作，更不用說是在工作中成長了。但是一個人如果不在工作中完善、成長，無論如何也無法體現自己的真正價值。

盡職盡責的人最可愛

許多人在走進辦公室的那一刻起，心中就開始琢磨如何討老闆歡心，如何擺平同事，如何盡快升職加薪……但是現實往往令這些人失望，他們渴望得到的東西離他們越來越遠。就像牧羊犬離開羊群就不能稱爲牧羊犬一樣，作爲團隊中的一員，你只有負起自己的責任，忠於職守，才可能在團隊中找到自己的位置。

作爲新人進入辦公室，你要明白的第一件事應該是你的工作是什麼，這就像牧羊犬要知道羊群在哪裡一樣。

然後，你要付出心力，努力地將工作做到盡善盡美。你始終都應該保持牧羊犬式的專注，因爲這是你的責任。

但是只完成公司交給你的任務還不能叫有責任感，只爲了追求晉升和賺錢也不能算是有責任感，一個有責任感的員工應該能夠創造性地完成工作，他的工作應該能夠提高整個團隊的效率。

下面的想法就是沒有責任感的表現：

（1）我今天終於完成了我的工作。

（2）速度要快，質量其次。

（3）其他人的工作與我無關。

（4）我的工作能夠得到他人的幫助就好了。

如果你整天抱著這樣的想法，工作就會失去動力，無精打采。

一個人如果不具有工作責任感，那麼不管他的工作條件多麼好，他也會讓成功的機會從身邊溜走。

其實，具有責任感並不難。當你開始認眞考慮自己的人生和工作時，責任感便會悄然而生。換句話說，因爲責任感，你的態度便由消極轉向積極了，不再把「輕輕鬆鬆地升職加薪」當作信條，而且不論做什麼工作都能夠從中找出意義之所在。

不過，眞正具有責任感的人並不多。很多人對自己應做的工作斤斤計較，因爲他們只把工作當作人生的跳板，他們從不認爲工作有什麼責任可言，而只是希望通過工作得到金錢、地位等。

可惜，當一個人不能眞正熱愛工作時，工作就常常帶給他無盡的煩惱。

很多人只把工作當作賴以生存的手段，而缺少責任感，因此很難眞正愛上自己的工作，更不用說是在工作中成長了。但是一個人如果不在工作中完善、成長，無論如何也無法體現自己的眞正價值。

以下的故事讓我們明白一個道理：責任感是怎樣影響一個人工作的。

有一個人很不滿意自己的工作，他忿忿地對朋友說：「我的上司一點也不把我放在眼裡，如果再這樣下去，有一天我就要對他拍桌子，然後辭職不幹。」

「你對於那家貿易公司了解得很透徹了嗎？對於他們做國際貿易的竅門完全搞懂了嗎？」他的朋友問道。

「沒有！」

「我建議你先靜下心來，認認眞眞地對待工作，好好地把他們的一切貿易技巧、商業文書和公司組織完全搞通，甚至包括簽訂合約都弄懂了之後，再一走了之，這樣做不是既出了氣，又有許多收穫嗎？」

那人聽從了朋友的建議，從此便默記偷學，甚至下班之後，還留在辦公室研究寫商業文書的方法。

一年之後，那位朋友偶然遇到他：

「你現在大概都學會了，可以準備拍桌子不幹了吧！」

「可是我發現近半年來，老闆對我刮目相看，最近更是委以重任，又升官、又加薪，我已經成爲公司的紅人了！」

「這是我早就料到的！」他的朋友笑著說：「當初你的老闆不重視你，是因爲你責任感不強，又不努力學習；而後你痛下苦功，擔當的任務多了，能力也強了，當然會令他對你刮目相看。只知抱怨上司的態度，卻不反省自己的工作態度，這是一般人常犯的毛病啊！」

由此可見，責任感不僅能改變你的工作態度，還能改變你的人生境遇。有責任感的人不會抱怨自己的工作，在他的眼裡，越是別人不願意做的苦差事，越應該做好，這樣才能提高整個團隊的效益。

或許，在你周圍，有些工作是每個人都不想做的「討厭的工作」，大家對這樣的工作，都有一種避之猶恐不及的態度。

但是工作總是要有人來做的，於是眾人只好暗自祈禱這差事可別降到自己的頭上。

如果你表明自願做這些沒有人想做的工作會如何呢？

這不但能贏得同事的尊敬，更能夠得到上司的認同和賞識。有時候甚至還會讓上司對你心存感激。

不僅如此，這也是你展露才能、勇氣和責任心的大好機會。有時候，即使你有這份心，也未必有這樣的差事讓你做。所以，碰到這樣的自我表現的機會時，更應該心存感謝才對。

當然，這也必須要有積極挑戰的準備。

因為，這一類工作，大都是非常辛苦且吃力不討好，即使付出了全部的心力，也不一定能達到效果。

雖然如此，你還是必須勇氣百倍、默默耕耘，這才是有責任感的表現。

事實上，這一類工作往往比那些表面看起來華麗動人的工作，更能激發人的鬥志及潛藏的樂趣

如果你認爲這麼做會吃虧，因而與其他人一樣排斥這個工作，那你就和其他人一樣，永遠不能出人頭地。

如果你有很強的責任感，能夠接受別人所不願意接受的工作，並且從中體會出辛勞的樂趣，那你就能夠克服困難，達到他人所無法達到的境界，並得到應有的回報。

如果你是個部門的主管，因爲對下屬的工作能力不信任，大小事都親自過問，這不是有責任感的表現。因爲這樣整日忙忙碌碌，一刻也不停歇的主管，對於團隊來說，並沒有負起相應的責任。

你應該學會給那些下屬指引方向，讓他們在所分配的工作範圍內，快樂地、有創造性地工作。

勇敢地承擔責任，在危機出現時，作爲領導者的你應該站在最前面，就像帶領羊群在風雪中前行的牧羊犬一樣，而不是指責你的下屬。在美國南北戰爭中，有這樣一位將軍，當他的部隊節節敗退的時候，他勇敢地衝到最前線，大聲招呼著士兵們向前衝，結果軍隊的士氣大振，最終取得了戰爭的勝利。

一個有責任感的上司，他知道把自己的責任轉嫁給下屬意味著什麼，所以他不會那樣做。

你不妨在你成爲團隊領導人的那一天就爲自己寫下這樣的話：

我的責任高於我的權力。

訓練下屬是我的責任。

我的目標是團隊的飛速發展。

我應該承擔過失並帶領大家走出危險區。

機會更垂青腳踏實地的人

職場中不難發現這樣的人：剛出校門，就希望明天當上總經理；剛創業，就期待自己能像比爾．蓋茲一樣富甲天下。他們對小的成就看不上眼，出人頭地、一鳴驚人是他們夢寐以求的事。要他們從基層做起，他們會覺得很沒面子，他們認爲憑自己的條件做那些工作簡直是大材小用。他們有遠大的理想，但又缺乏對專業的了

解和豐富的經驗，不知道職場上的甘苦，更不懂得從小事做起，實實在在地前進。

同樣的，很多人抱有這樣的想法：現在的工作只是跳板，時刻準備跳到更好的公司。但事實上，很大一部分人不但沒有越跳越高，反而因爲頻繁地換工作，使公司因怕洩露機密等原因，不敢對他們委以重任。由於他們過於熱衷「跳槽」，對工作三心二意，自己的能力也絲毫沒有得到提高。因此，他們缺乏具體實現理想的能力，即使上司委以重任，他們也很難完成。

腳踏實地是一個職業人所必備的素質，也是實現你加薪升職、成就一番事業的關鍵因素。自以爲是、自傲自大是腳踏實地工作的最大敵人。你若時時把自己看得高人一等，處處表現得比別人聰明，那麼你就會不屑於做小事、做基礎的事。「一屋不掃，何以掃天下？」若沒有處理小事的能力，又如何去處理大事呢？

所以，每個職場中人要想實現自己的理想，就必須調整好自己的心態。打消投機取巧的念頭，從一點一滴的小事做起，在最基礎的工作中，不斷地提高自己的能力，爲自己的職業生涯積累雄厚的實力。

首先，你要認眞完成自己的工作。不管是基礎的工作，還是高層的管理工作，都要把全部精力放在工作上，並且任勞任怨，努力鑽研。在工作中逐漸提高自己的業務能力，成爲企業的業務精英。

其次，在工作中，懷有一顆平常心。成功了不驕傲，失敗了也不氣餒，不要讓情緒影響工作。

再者，要做一個積極實踐者。根據公司的具體情況，提出切實可行的方案或計畫，並和大家一起完成它，不但要有設計完美方案的本領，還要具備落實方案的能力。

機會只垂青那些有準備的人。如果你在實踐中積累了雄厚的實力，練就了高超的業務本領，成爲企業的中堅力量，你還需煩惱上司不重視你、沒有加薪升職的機會嗎？

李嘉誠在談他做生意最大的收穫時說：做生意的根本就是誠信，就是不妨把自己想得笨一些，而不是投機取巧。

適當的笨拙可以讓一個公司迅速地成長，也可以讓一個職業人更受人歡迎，更容易獲得成功。

把自己看得笨拙些，你就很容易放下自己什麼都懂的假面具，在遇到難題的時候，向那些業務能力高超的職員學習，這樣更有利於你更快更好地掌握處理業務的技巧，提高自己的能力。而且還能給上司和同事留下勤學好問、嚴謹認眞的好印象。這一點對於剛入職場的新人尤爲重要，借此不但容易獲得別人的好感，而且可以更快掌握的工作內容。

擁有「笨拙精神」的人，可以很容易地控制自己心中的激情，避免設定高不可

攀、不切實際的目標，並認認眞眞地走好每一步，踏踏實實地用好每一分鐘，甘於從基礎工作做起。以「笨鳥先飛」爲座右銘，認眞嚴謹地對待工作，更有利於取得實實在在的進步。

適當地笨拙，就很容易擁有一顆平常心。如果成功了，因爲笨拙的顯影，自己也不會太得意；如果失敗了，因爲笨拙的反襯，自己也不會太失望。

自以爲聰明的人，容易頭腦發熱，盲目自信，不自量力地承接具有極高難度的工作，結果輸得慘不忍睹。而適當的笨拙可讓你遇事三思，分析自己的長處和缺點，權衡利弊之後再動手，不逞匹夫之勇，如果冒險了就一定要有所收穫。

「炫耀於外表的才幹固然令人讚美，而深藏不露的才幹則更能帶來幸運，這需要一種難以言傳的自制與自信。」適當的笨拙正是這種自制與自信的表現。

職場中人都要記住：只有埋頭苦幹的人，才能顯出眞正的聰明，才能成就一番事業。幾乎所有的人都希望能得到上司的重用，都希望上司能把最重要的工作交給自己完成（這不但是對自己能力的肯定，也是加薪升職的希望），但並不是所有人都能成爲上司眼中的「紅人」。

一般來說，那些腳踏實地工作的人更容易得到上司的重用。因爲上司在委任工作時（尤其是重要工作），除了考慮一個人處理業務的能力以外，還要考慮這個人的人品和德行。德才兼備的人是承擔重要工作的最佳人選。而腳踏實地工作的人又恰好擁有了良好的品德和雄厚的實力。

李嘉誠說：「不腳踏實地的人，是一定要當心的。假如一個年輕人不腳踏實地，我們使用他就會非常小心。你造一座大廈，如果地基不好，上面再高再牢固，也是要倒塌的。」

所以，要想讓上司重視你，並委以重任，你就應該踏踏實實地工作，在實踐中提高自己的能力，沿著自己既定的事業目標實現自己的個人價值。

要想做到腳踏實地、嚴謹認眞，你就得摒棄以下幾個有害的想法：

（1）**「現在的工作只是跳板，那麼認眞幹什麼！」**由於人才飽和的緣故，要想一下就找到適合自己的工作的確有些困難，即使你目前所做的工作不是你理想的工作或者不適合你，也不可抱有這種不負責任的想法。你可以把它當作你的一個學習機會，從中學習處理業務，或者學習人際交往，或者僅僅作爲由校園到社會的緩衝，而認眞地做好這份工作。這樣不但可以獲得很多知識，還爲以後的工作打下了良好的基礎。

（2）**「憑我的條件，做那些小事太丟臉了。」**即使你擁有很高的學歷，擁有許多先進的理論知識，你也需要從較爲基層的工作做起。因爲每個公司都有自己的具體情況，若不區分這些個性特點，而把理論生搬硬套進來，很可能會給公司造成損失。所以，還是應從基礎工作做起，弄清楚公司的整體運作，再運用知識提出切實可行的建議更好一些。

（3）「差不多就行了。」是應付工作的想法。即使所負責的工作十分簡單，也要認眞對待，並力求完美。不可混水摸魚、應付了事，更不可把本來應該做十分的事，只完成八分就扔下不管了。否則，就無法在工作中成長，無法穩步提高自己的能力。

（4）「一個月後我要成爲那家大公司的總經理。」這是不切實際的目標。很多人一時心血來潮就給自己設定極高的目標。由於目標定得太高，就不可能踏踏實實地做基礎工作。所以，還是從自己的實際情況出發，設定一個合理的目標，並給自己足夠的時間去完成這個目標更好一些。

（5）「即使我的能力達不到那項工作的要求，我也要承擔下來，這樣別人就會對我刮目相看。」很多人爲了表現自己高人一等、與眾不同，而去承擔有較高難度的工作，結果反而常把工作弄糟。在工作方面要做値得別人信賴的人，對工作全力以赴，盡可能地把工作做好。遇到困難或業務難題時，要主動請教他人，並盡快解決。對自己能力所不及的事情要勇於放棄，以免耽誤了工作。平時注意能力的培養並不斷地學習和實踐，讓上司和同事對自己的工作放心，這樣才有利於事業的成功。

惜時、守時——向時間要財富

不難發現，在你的身邊，經常會有遲到早退或不能按時完成工作的人，你也不難發現，他們經常受到上司的斥責甚至解聘。他們之中，不乏才華洋溢、能力突出者，可是總因爲時間觀念的問題而屢屢受挫，頗不得志。

如果你不想做這樣一個在職場上苦苦掙扎的「懷才不遇」者，如果你還想做出一番成就，那就必須像公雞一樣，做一個嚴格守時的人。

要做一個嚴格守時的人，你就不要爲任何遲到尋找藉口。譬如鬧鐘故障、家事纏身、塞車等各種理由，都不應該成爲藉口。你應該知道，遲到就是遲到，你已違反公司紀律，給公司帶來不良影響。尤其是在跟客戶約定的時間內，你一個人的遲到損壞的是團體的形象，帶來的是公司和客戶雙方的損失。在許多重大的問題上，你一個人是承擔不起這個責任的。

做一個嚴格守時的人，要充分利用上班時間，提高工作效率。不在上班時間跟人閒扯，不接聽冗長無聊的電話，更不能「身在曹營心在漢」，想到「外面的世界多精彩」，把自己弄得魂不守舍。要把全部的心思和精力都投注到自己手邊的工作

上，有效地提高工作質量，提升工作效率。

做一個嚴格守時的人，要按時完成自己的工作。縱然是一個優秀的企劃方案，或是一項完美的工程設計，如果落於他人之後，也會失去意義或者身價大跌。

一位有名的企劃人員在談到她的成功經歷時說：「那一次，我和我的同事同時參與一家大公司的競標。通過大量的資料蒐集和精心的籌劃，我們幾乎在同一時間完成了各自的競標計畫。但在趕往大公司途中，我的車子突然故障，晚了一小時到達會場。而在這一小時內，我的同事那新穎的設計和長遠的規劃再配上她那精彩的講演，已深深地吸引了大公司的決策人員，大公司上層人士已決定用我同事的方案。

「老實說，我的計畫並不遜色於同事，可是因爲晚了一小時，我竟失去了競爭的機會。我現在還經常爲那次失敗懊悔。」

像公雞一樣，做一個嚴格守時的人。那麼，你每天上班應比公司所規定的時間早到五分鐘左右，利用這短短的幾分鐘，使自己的心情穩定下來，準備迎接一天工作的挑戰。下班前整理好桌面，把重要文件歸檔，並確認第二天的工作。

一位成功的職業人士這樣告誡他的後輩：「就算不能第一個到辦公室，也不當是最後那個姍姍來遲的人。在星期一早上，如果你能比其他人都早到一些，即使只是趁別人還沒有進辦公室之前查查自己的電子郵件，或者整理一下辦公桌，都會讓自己提早進入工作狀態。同時跟周圍的人比起來，你的精神顯得特別愉快，也絕對是當天最讓上司眼睛一亮的員工。就算不能最後一個下班，也不要在眾人都埋頭工作時揚長而去。你的工作效率可能比別人的都高，那麼應該去幫助顯然在今晚必須開夜車的人，問他有什麼是你可以幫忙的，就算你到頭來也沒有幫上什麼，光是這點心意，就足以讓人感動並產生好感了。但切記一定要出自誠意，別忘記，整個團體的成功，才能讓你的優秀表現更傑出；讓團隊裡其他人顯得灰頭土臉，不但不會讓上司認爲你的能力比其他人好，反而會覺得你的工作是否過於輕鬆了，並且沒有團隊精神的概念。」

嚴格守時的職場中人，會一心一意地做自己的本職工作，拒絕一切不必要的時間浪費。

你可以從以下三個方面杜絕時間浪費：

一、根除自己浪費時間的行為習慣

（1）拖拖拉拉，時斷時續。你應該檢視一下，自己是否經常在接手一項工作後半天才開始擬定方案；你是否經常在做某件事時又分身去做別的……如果是這樣，你已浪費了很多的時間。在你磨磨蹭蹭、斷斷續續的時候，時間已悄悄消逝。或許你是在歎息，或許在抱怨，可是時間並不會停歇。要想做一個成功的職業人士，乾脆利落、雷厲風行的作風是必須要具備的。在接到信或電話的同一天盡量回信或回電話，可以省去複讀的時間。

（2）**優柔寡斷，三心二意**。與其花費很多的時間去構思行動的結果，不如拿定主意一個一個去實踐。不時在自己的工作中左右搖擺，給人極不踏實的感覺，也得不到實踐經驗的積累，你應該在工作中有果斷決策的能力，像公雞一樣，不為自己的鳴叫而羞羞怯怯。

（3）**過分追求完美**。有些事情你只需要完成就可以了，並不要盡善盡美。如果你事無鉅細，一味追求完美，很可能原地踏步，難有長進，而時間已流逝很遠。所以，適當的放棄和見好就收的睿智，也需要具備。

二、排除一切外界的干擾，為自己節省更多的時間

（1）**拒絕無聊的約會**。有所不爲才能有所爲，你要取消一切不必要的約會。頻繁的宴請，大量的聚會，不僅增加你的經濟負擔，也耽誤你不少時間。可以說，

你參加這些宴會所花費的時間和你所獲取的訊息是不等值的。

成功的時間管理人士提供了這樣一個問題：「你是情願排隊等一小時購買一份五元的早餐，還是多花五元到五十里外的餐館吃飯？假若你能在一小時內創造比五元錢更多的財富，那麼你就該考慮等候所花時間的機會成本了。」

而且，你和朋友保持適當的距離還有利於你們長久關係的維持。

（2）巧妙應付意外的拜訪。你正在緊張地工作，突然接到一通老朋友問候電話，他關懷備至問候你近來的情況，你煩不勝煩，又急不可耐，怎麼辦？建議你用一些措辭結束這種干擾，比如說：「在我們掛電話之前……」結束這類頻繁冗長的電話，你能節省更多的時間。

有時，沒有任何跡象，過去的客戶突然要造訪你。你不妨向他道歉，說你的日程已排得很滿，希望能有另外一個寬鬆的會談時間和場所，可以聊聊不便公開講的事情；如果是無法推諉的與工作關係不大的見面，你可以將時間選在低效率時段。

三、規範自己的日常行為習慣，人為地「創造」時間。

想好以後再打電話。如果涉及的項目很多，可以簡單寫下來，依次解決。這樣就可以節省許多時間。

定期整理文件夾和辦公抽屜，丟掉或賣掉多餘的東西，以避免雜亂。

有不明白的事，開口請教知道的人。

挑非巔峰時間購物、吃飯或去銀行。

儲存一些不會壞的日用品，節省購物時間。

找出處理每一件事情的最佳方式：打電話、寄信，還是親自拜訪，選擇最有效率的一種。

有許多職場人士，整日「兩眼一睜，忙到熄燈」，還是深感時間緊迫、時間不夠用。他們精疲力竭、來去匆匆，卻總是不能從容自如，甚至不能按期交付工作。因爲他們不懂得利用時間，不善於爲重要的事情排一個先後順序。

要想贏得比別人高的評價，要想獲得比別人多的成就，必須學會巧妙地運用時間。

晉升爲經理助理的林小姐對她的同伴說：「時間像牙膏，你得擠。用等人、等車及等待到目的地的時間來看書、醞釀和計畫未來；不要浪費看電視的時間，可以一邊看一邊做些小事情，例如擦鞋、縫扣子、拆信、健身等等；若有重要工作急需完成便遠離同事，獨自在一角靜靜地工作，不能既想工作又想同事「閒聊」；如果你總是比預計的慢半拍，就把錶撥快五分鐘，這樣，你會慢慢發現，它可以使你做事更從容。」

時間賦予每一個人的一樣多，不善於「擠」，就會跟許多平庸的職場人士一樣，忙忙碌碌卻又是庸庸碌碌地過一生。

善用等待的時間工作。開會前夕、路上塞車、飛機誤點，很多時候，你完全可以在手邊放些閱讀資料，用一個公文包或文件夾存放信函、報導、期刊、文摘，利用這些時間工作。

一位成功的職場人士在介紹他的經歷時說：「我通常把信件放在我隨身的公文包裡，上班的途中，我幾乎翻閱了所有的信件，到達公司時，那些無用的東西進了垃圾箱。」

要學會忙裡偷閒。將每一刻發揮到最大效率，並不意味著要將自己弄得十分緊張，適當的休息會使你工作速度更快、效率更高。例如在中午休息一會兒，會使你精力充沛。鍛鍊也能使你頭腦清醒、身體健康。

要善於利用技術。保存你的工作紀錄到電腦上，而不僅僅是記在筆記本裡。這樣，當你需要某些訊息時，從電腦上搜尋比在筆記本上翻找能節省一大半時間。

當你善於抓住點點滴滴的時間進行工作的時候，你必須根據事情的重要性排定優先順序，否則你還是會處於分不清重點的一團糟之中。

首先，把你所有必須完成的工作列出來，然後，依照以下的重要性加以分級，排定完成順序。

第一，急迫而重要的，非盡快完成不可。如方案的制定。

第二，重要但不急迫的。雖然沒有設定期限，但早點完成，可以減輕工作負擔，增加工作表現。如工作的長遠規劃。

第三，急迫而不重要的。

第四，既不急迫又不重要的，如「雞毛蒜皮」的小事。

爲了督促自己執行，你要將這些形成條文，除了每月、每週，甚至於每天都制定計畫表。

成功的職場人士說：「你應該在一天中最有效的時間之前訂一個計畫，僅僅二十分鐘就能節省一個小時的工作時間，牢記一些必須做的事情。」

制定計畫，必須遵循如下兩個原則：

一、保持重點

所有成功的人士都會明確自己的當務之急。一位剛提升爲雜誌主編的職業人，在他的辦公桌上始終放著一期自家的雜誌，這樣，無論何時他被一些小事分散了注意力時，只要看到那本雜誌，他就會及時回到正道上來。你不妨在自己的辦公桌上建立一個「行動」一覽表，把每天要做的前幾件大事記錄下來，時刻關注著它，看自己的執行情況。

二、八十／二十法則

確定你表格中的哪項任務是最重要的，方法之一就是八十／二十規則。某一油漆銷售員在第一個月僅賺一千元，分析銷售圖表後，他發現他80％的買賣來自他的20％的客戶，但是他對所有客戶花費了同樣的時間。於是，他把最不活躍的客戶擱到最後，把80％的精力集中到最有希望的20％客戶身上。不久，他一個月就賺了一萬元，並成爲油漆公司的副總經理。

善忍的精神成就卓越的事

職場如戰場，在職場中拼殺的人必會遭遇到困難，承受各式各樣的壓力。事業的低谷、人生的低潮和種種不如意讓你彷彿置身於荒蕪人煙的沙漠，沒有食物沒有水，還找不到走出沙漠的路。可是，就算你辨不出方向，你也要努力不停地向前走，因爲找不到路也是死，餓死渴死也是死，而向前走卻還有一線生機。

這時，你就要學習駱駝的忍耐力，相信苦難終究會過去，遲早會有翻身的一天。求職，屢遭辭退要忍；升職，數年不升要忍；評職，論資排輩要忍；名利，該得未得要忍……忍的過程是痛苦而又艱難的，而幸福和成功往往就在艱難和痛苦之後接踵而至。

莎莉・拉斐爾很早就立志於播音事業。但由於當時的美國各家無線電台都只聘用男性做播音主持，所以，當她在各家電台應聘時，通常被認爲不能勝任這類工作，也不能吸引聽眾，而屢遭拒絕。

後來，她在紐約的一家電台找到一份工作，但不久卻被以「趕不上時代」爲由遭到辭退，結果又失業了。

一天，她向一家國家廣播公司職員談起她的節目構想。「我相信公司會有興趣。」那人說，但此後不久那人卻離開了國家廣播公司。她的美夢又一次破滅。此後，她又先後找到該公司的兩位職員，卻被要求主持她並不擅長的政治節目。

但是，她並沒有知難而退，而是抓住了這次機會，並通過自己的勤奮，使她主持的節目成爲最受歡迎的節目。

「我遭人辭退十八次，本來大有可能被這些遭遇所嚇退，做不成我想做的事情；結果相反，這鞭策我勇往直前。」拉斐爾這樣自豪地說。

如今，莎莉．拉斐爾已成爲著名的電視節目主持人。在美國、加拿大和英國，每天都有八百萬觀眾收看她的節目。

許多要走入職場的社會新人常常會對工作抱有天眞的幻想，認爲工作的機會很多，找工作很容易。因此，他們常常在屢次求職遭拒時產生挫敗感，把自己想的一無是處；或者在走出校門時懷著遠大的抱負，想闖出一番事業，卻因爲幾次受到挫折而放棄自己的理想。

其實，現實中的競爭常常是激烈而殘酷的，職場中亦是如此。從你進入職場的那一天開始，工作中的困難和種種的壓力就開始跟隨在你左右，又何止是求職這一件事不一帆風順呢？

所以，無論是初入職場還是馳騁職場多年的老將都不能保證不會有壓力突然侵襲。因此，你必須時刻保持一顆平常心，並善於發揮駱駝善忍的精神，讓執著的信念支撐著你朝著既定的目標邁進，相信終有一天會迎來事業的綠洲。

職場中，很多人都願意去做那些輕鬆而又容易得到上司認同的工作，而不願意接手那些額外的，或是費力不討好的工作。

但是，儘管如此，這樣的工作還是得有人來做，很可能它就那麼不偏不倚地落在你的頭上。這的確是一件痛苦的事，然而這也是上班族的無奈，即便你心裡非常不願意，也得爲著飯碗忍耐，還得顧及自己的前途。

滿臉的不情願或是抱怨個不停，並不是有氣度和有職業精神的表現，既然是不能夠拒絕的事，爲什麼不能學習駱駝的負重、任勞任怨的精神，心平氣和地、爽快地接受呢？有時候承擔大家都不願意去做的事，反而是很好的出人頭地的機會，如果你惟恐吃虧而跟著其他同事一起推託，就等於是把機會往外推。如果你明知道會吃虧也義無反顧地承擔下來，不論是對自己或是對同事、上司而言，都是最好的結果。

當上司向你交代工作時，千萬不能說：「做不到！」或者「這太難了！」這麼回答很容易讓上司認爲你是個「沒有能力的人」、「毫無韌性的人」。何況，一旦你有了第一次拒絕上司的經驗，第二次也會滿不在乎地拒絕，結果讓一次次的累積成爲習慣，這才是最可怕的事。因此，即使你被工作壓得喘不過氣來，你仍然要好好地自我調適，而不是面對堆積如山的工作搖頭歎息或大發牢騷。你要一件一件地耐心處理，只要能夠度過這次難關，你的實力就會受到肯定，更會得到認可和信任。

勇於負重、任勞任怨不僅體現在認眞做好本職工作上，也體現爲願意接受額外的工作，能夠主動爲上司分憂解難。

假如有別的同事，把一些本來不應歸你負責的工作交給你，或者你的上司在你已經忙得不可開交之時又吩咐你做一件另外的工作時，你是選擇接受，還是逃避？

這個時候，你不妨盡自己所能把它做好。原因有三：

第一，反正你在辦公時間總是要做事的，不論是誰的工作都是公司的事，只要不影響自己的工作，就不應該分彼此而一律照做。

第二，不妨把這次工作當作一次鍛鍊和學習的機會，多學一種工作技能，多熟悉一種業務，對自己總是有好處的。

第三，這也是展現自己才能和促進與同事之間關係的大好機會，如果你能夠盡心完成，一定會得到同事或上司的好感。

在這個知識與科技的發展一日千里的時代，必須具備駱駝善於積累實力的精神，不斷地充實自己，再加上超乎尋常的忍耐力，才能使自己在職場上立於不敗之地。

世界上從來沒有一蹴而就的好事，凡是想成就一番事業的人，就必須以頑強的

耐力作基礎，並不斷爲自己積累實力，才能在合適的時間爆發出驚人的力量。「十年寒窗無人問，一舉成名天下知」亦是這個道理。

如果你是一個初入職場的新人，就更應該懂得這個道理，謙虛地向老職員學習工作經驗，以彌補自己的不足。就算你是資深的員工，也不應該墨守成規地工作，爲了不使自己落後於人，也要不時地吸收新知，以防止被這個日新月異的社會所淘汰。

要知道，財物會折舊，知識也會折舊。如果你已年過三十或者四十，你也許就會覺察到，最先走下坡的不只是你的健康，還有你的腦袋。看一看你有沒有以下的這些表現：

（1）很難與公司的新人達成工作上的共識。
（2）難以完成比較有挑戰性的工作。
（3）慢慢地感覺到力不從心，所學的知識有些不夠用。
（4）對許多新興事物，比如新版的電腦軟體一竅不通。
（5）缺乏有創意的提議和看法。

如果你有上述其中一種表現，就意味著你的知識儲備和工作能力已經在走下坡了。你前進的路上已經亮起了紅燈，就算你有再強的承受困難和壓力的能力，也不能幫你走完旅程，就像沒有食物儲備和缺水的駱駝，最終也可能倒在沙漠之中一樣。因此，別再懷想當年的風光，就算你曾是公司的三朝元老，就算你是碩士、博士，現在也該是抬頭面對不斷變化的現實的時候了。

但是，要學的東西太多，就算終其一生也學不完！時間是那麼的有限，且大多數都是下班後的「零碎時間」，那麼該如何是好呢？

其實，只要學習和補充這個階段內最需要的知識就可以了。你不需要像職場新人那樣，爲了多多益善的證書而付出過多的精力，你要做的是找好「充電」的切入點：一是職業所需，極其實用的東西；二是對本職工作的能力培養有幫助的知識。

聰明的職業人不會爲了繼續深造而耽誤了現有的工作。要知道，找到一份合適的工作不容易，「站住腳」就更難，如果顧此而失彼，就與敬業精神不符，也就不會有相應的業績。

「充電」是爲了更好地「敬業」。在職場生涯中，光有「忍」的精神是不夠的，只有同時不斷地爲自己補充能量，才是馳騁職場百戰百勝的法寶。

勇於挑戰不如善於挑戰

很多人滿足於自己目前的工作狀況，不想學習，也不想向困難挑戰，只求按時完成工作，不出差錯就行了，對於曾有的遠大理想早已忘卻。時間長了，惰性轉變爲對未知的懼怕，更不敢輕易接受挑戰了。

職場中謹小慎微的「安全專家」認爲：要想保住工作，就要保持熟悉的一切，用自己所習慣的方法去處理工作，不可輕易嘗試新的方法，更不要去承接那些自己從來沒有做過的事情，否則就有可能被撞得頭破血流。

固然，循規蹈矩的人用自己習慣的做法處理問題，一般不會犯大的錯誤。但僅做到不犯錯誤、按時完成工作，在現今這種競爭激烈的局面裡，想加薪升職是不可能的，有時甚至連保住飯碗都有困難。因爲企業是向前發展的，員工的素質和能力也要隨之不斷提高，如果始終在原地踏步，就無法應付不斷出現的新問題，遲早會被公司淘汰。

滿足於現狀、懼怕未知，是對自己的潛能畫地自限，使自己無限的潛能只化爲有限的成就，這樣是不利於在事業上取得成功的。

所以，要想在職場中生存，並實現成就一番事業的目標，就應該勇於向高難度的問題挑戰，主動挖掘自己的潛能，逐漸提高自己的能力，實現自己的目標。

要積極嘗試新事物，就必須摒棄這種觀點：

改變現狀不如苟且偷安，因爲改變將帶來許多不穩定的未知因素。

也許你一直認爲自己非常脆弱，經不起摔打，如果涉足於完全陌生的領域，會碰得頭破血流。這是一種荒謬的觀點。當身處逆境時，完全可以依靠自己的能力，出色地完成工作，扭轉不利於自己的環境；當遇到陌生的事物、身處陌生的環境時，人不會經不起考驗，更不會一蹶不振，相反，你會挖掘自身的潛力，把這些事情處理得很好。

此外，你也許會抱有這樣一種心理：

如果事情異常困難，我還是躲遠一些好。

比如，當你的上司安排一項較有難度的工作時，你會在心裡默默祈禱：千萬不要落到我的頭上。這種心理往往使你在面對困難時異常慌張，還未冷靜思考這個問題，就認爲自己無法處理，乾脆一避了事。其實，只要你把它當作一個普通的業務問題來看待，你也是可以想出解決方案的。所以，用一種積極的、樂觀的心態去面對挑戰，你就可以發揮你的能力、挖掘你的潛力，最終出色地完成它。

因此，當一件富有挑戰性的工作放在你面前時，不要抱「避之惟恐不及」的態

度，而應該把它當作一個邁向成功的階梯。懷著感恩的心態，主動地接受它，並通過不斷的學習和實踐，挖掘自己的潛能，出色地完成它。你就可以從中獲得提高，並最終取得事業的成功。

要想使自己敢於接受挑戰，你就得對自己充滿信心，如此，你才有能力進行任何活動，否則就只能固守在原地，自怨自艾。

碰上困難時，如果你花過多的時間去設想最糟糕的結局——這就等於在預演失敗，就像一個高爾夫球員不停地囑咐自己「不要把球擊入水中」時，他腦子裡將出現球掉進水中的印象。試想，在這種心理狀態下打出的球會往哪裡飛呢？

你或許也發現了這樣一種情況：

辦公室裡那些十分自信的人總能把工作完成得很好，即使是很有難度的工作，甚至是在別人眼裡不可能完成的工作，到他們那裡都會迎刃而解，所以他們更受上司器重，也能夠很快地加薪升職。

其實他們的學歷可能並不比你高，他們對工作的熟悉程度可能並不比你深，他們的從業時間可能並不比你長，但他們就是敢於去迎接挑戰，所以能夠更快地取得事業的成功。

缺乏自信是事業不成功的主要原因。

美國有一個外科醫生，以擅做臉部整形手術而聞名遐邇。他創造了奇蹟，把許多醜陋的人變成了漂亮的人。但他發現，某些接受手術，並且手術非常成功的人，卻仍找他抱怨，說他們還是不漂亮。他們感到面貌依舊。於是，醫生悟出了一個道理：美與醜，並不僅僅在於一個人的本來面貌如何，而在於他是如何看待自己。

一個人如果自慚形穢，那他就不會成爲一個美人。同樣，如果你覺得自己不能妥善處理那個問題，那你就會失敗。

那麼怎樣才能擁有自信呢？

首先，改變對自己的看法，同時正確地認識周圍的人。

你周圍的同事並不比你強。他們之所以每天都神采奕奕、容光煥發，不是因爲他們比你強，而是因爲他們相信自己，並能夠在工作中找到快樂。如果你勇敢地承接了挑戰，但很不幸地把事情弄糟了，這也沒什麼大不了的。只要你不是故意的，你的上司仍然會喜歡你，你的同事們也不會嘲笑你。對自己的能力堅定信心，必要時可以把自己的優點列在一張紙上，以時時勉勵自己。

其次，在頭腦中導入積極的思想。

不要一遇到難題就在腦中叮囑自己千萬不要失敗，以及設想如果失敗了自己該如何收拾殘局。你應該把它當作一件平常事來對待，或者告訴自己，完成它不過是小事一樁。告訴自己一定可以成功，並在頭腦中設想事情成功以後你如何受到上司的重視和同事的羨慕，以及隨之而來的加薪升職。凡事都有其積極的一面，只要善

於運用這些積極的方面，你就可以輕鬆建立起自信。

最後，把過去成功的例子放在腦海裡。

用自己過去的成功例子不斷地鼓勵自己，你就更容易建立起信心，也就有勇氣去承擔較有挑戰性的任務了。成功的例子可以與眼前的這個任務有聯繫，也可完全無關，只要能讓自己感到，自己是可以取得成功的就可以了。

公司裡不可能有那麼多富有挑戰性的工作等著你去選擇。如果你不主動去尋找它們的話，你可能一個也得不到。這時，你要想通過高難度的工作來鍛鍊自己，提高自己的能力，並最引起上司的注意和重視，你就得細心觀察你的工作，找出「不可能的任務」，並把握好機會，出色地完成它。

如果你的公司業務急劇增長，或者遇到了某些棘手的事情，以至於你的上司無暇顧及前不久剛剛提出的新方案。這時，你就可以詢問一下公司，可否讓你來負責新方案的制訂和評估，或者分擔一些上司的工作。如果公司同意，這不但給了你一個展現你領導能力的機會，也可以讓公司明白，你是一個極爲出色的人，爲你以後的升遷奠定良好的基礎。即使公司不同意，你也可以給他們留下很好的印象——你很關心公司，這無疑也對你有利。總之，不管最後結果如何，主動攬下更多的責任，都會對你有利。

細心觀察組織管理中的漏洞和失誤，並針對這些失誤提出相應的改進方案，應該要做到有理有據、切實可行。你可以把它整理出來交給你的老闆，也可以當面和他談談。這樣可以充分顯露出你的能力，也會給老闆留下極好的印象，而且離加薪升職也不遠了。

即使是很平常的工作也可以從中找出具有挑戰性的問題，只要你具有問題意識，自然能夠了解自己周圍所存在的問題還有很多，這些都是公司今後的策略方針。爲了達到這些目標，必須執行或可以執行的工作也多得數不清。但是，在工作中創新並非隨便一想就可以完成，惟有靠平常的努力所得出的心得，才能找到有價值的構想。它要求你在自己所負責的工作中，或是與其相關的工作中不斷地探索，最終取得有價值的成果。

值得注意的是，在你主動尋找「不可完成之任務」時，你的同事們往往會告訴你許多消極的意見：「這種事恐怕做了也是白做。」「你即使花費再多的心力，也不會有結果的。」如果是大家都認爲可以成功的事，他們早就做了。之所以大家都認爲它困難，就是因爲它更具有挑戰性，而這一點正是你所想要的。

敢於接受挑戰不等於盲目自信、逞匹夫之勇，而應該是一個理性思考的結果。當面對一個較有難度的問題時，你得考慮一下自己的能力和實力，以及自己成功的機率。如果成功的希望很小，還莽撞地接受這個任務，不但不會從中獲得好處，還可能因爲你把事情弄糟了，而給上司留下壞印象。

所以，在接受挑戰之前，你得明白自己的長處和弱點，並從中得出你是否有實力接受挑戰。

比如，你有很淵博的理論知識，而在人際交往方面卻很糟糕，那麼當上司挑選技術研究人員時，你的成功機率就大一些，而如果是挑選公關部的經理，那你成功的機率就小一些。

要想知道自己的長處和弱點，你就得站在客觀的角度來評估自己，而不要受自己的主觀影響或者盲目相信別人的評價。

你需要確定的是：你所要接受的挑戰，所用到的知識和能力，應該是你的長處，而不是你的短處。

此外，你對工作的態度也會影響你成功的機率，你可以從以下幾個方面進行評估：

一、你勤奮嗎？

勤奮的人更容易獲得成功。因爲他們善於利用業餘時間擴大自己的知識，使自己擁有較深較廣的專業知識，這樣困難的問題到了他們那裡就會變得容易了。

二、你有雄心嗎？

遠大的理想往往演化成一種對事業的強烈追求，使自己更有幹勁，也更堅定。面對較有挑戰性的工作，也會讓你有一種百折不撓的精神，並最終戰勝困難，取得成功。

三、你持之以恆嗎？

具有挑戰性的工作，因爲較有難度，一般需要很長一段時間才能完成，如果你不能持之以恆，三分鐘熱度，最後只能失敗。擁有持之以恆的精神，你才能在遇到挫折和困難時，戰勝它們，最後取得勝利。

四、你能有序地工作嗎？

如果你的工作雜亂無章，或者常常出現忘記開會、處理重要的文件等情況，那麼，你就很難獲得成功。因爲面對一件具有挑戰性的工作，必須做一個詳細周密的計畫，才能更快更好地完成，無序的工作方式只會亂上加亂。

五、你的注意力集中嗎？

如果你喜歡同時思考好幾件事，或者熱衷於在工作時間裡做白日夢，那麼你就很難取得成功。因爲工作較難，你必須集中注意力，才可能想出解決的辦法，而如果你常被一些無關緊要的小事所吸引，你就很難想出解決問題的方法。

以上幾點是把一項有難度的工作做好的必備條件。如果你不具備這些素質，或在某一方面有所欠缺，那麼你就要培養它們，以提高你成功的機率。

在工作中承接挑戰，不能自不量力，承接了一大堆，結果一件也做不好。要量力而行、三思而爲。

封閉自己不如推銷自己

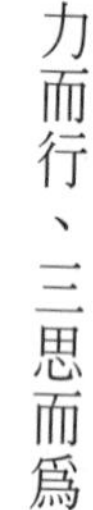

在辦公室裡，你可能發現，一些本事並不如你的同事，他們升職加薪的速度比你還快，他們深受上司的器重，常常被委以重任，這是爲什麼呢？這是因爲他們懂得如何推銷自己，展示自己。

在當今的年代，上班族要有自我推銷的意識。在今天，自我推銷已是常有的事，不必羞於自我推銷，否則即使有再好的才華和能力，也有可能被埋沒。因此，平時在工作中就要包裝自己，就像孔雀一樣，把自己的美給展示出來。要盡量向上司、同事證明你具有超人的能力，能夠勝任包括當前工作在內的多種工作。

假若你擁有驚世之才，但不懂得表現，等於自我埋沒。同樣，有優秀的才幹卻得不到別人的注意和賞識，也是枉然。

有時候，你需要自我推銷和自我表現。

「人往高處走，水往低處流」，沒有人希望永遠居於他人之下，都希望自己的事業能夠獲得成功，能夠得到上司的賞識、贏得同事的認同，相信這也是你的願望。但別人不可能無緣無故地注意你，那麼你就應該主動去爭取機會表現你自己。

爭取表現的機會的方法有很多：

一、展示自己的潛力

當上司提出一項計畫，需要員工配合執行時，你可以毛遂自薦，充分表現你工作的能力。

二、適度渲染

擔當瑣碎的工作時，你不必把成績向任何人顯示，給人一個平實的印象。當你有機會擔當一些比較重要的任務時，不妨把成績有意無意地顯示，增加你在公司的知名度。這一點非常重要，因爲上司是否特別注意某個員工，往往是看該員工在公司的知名度如何。掩藏小事的成績，渲染較大任務的成績，可收到實至名歸的效果。

三、避免被小事拖垮

在衡量工作重要程度時，把可以令上司注意的項目排在最前面。因爲上司一般並不重視瑣碎事項的成績。只要合理安排工作的順序，向著目標奮勇前進，就不難脫穎而出，獲得上司的青睞。

四、「將在外，軍命有所不受」

對付庸碌的上司，你不一定要絕對地服從。不是所有的上司都喜歡逆來順受的員工。特別精明能幹的上司，會對那些略有反叛但爲公司利益著想的員工產生好感。這裡所說的適度的反叛，是指在不傷害上司尊嚴的原則下的「叛逆」，一個眞正有能力的上司會欣賞這種具有分析能力的員工。

五、不要過分謙虛

有時候，太過謙虛反而吃虧。例如，幾個同事完成一項艱巨的工作，上司詢問有誰參與時，直言同事姓名後，不要忘了把自己報上。心存謙厚之道，以美德取勝，這是書呆子的做法。你自己不說，別人更加不會特別標榜你的名字，上司可能永遠不知道你做了一件很了不起的事。很多時候，太過謙虛會給人一種平凡、缺乏自信的印象。

六、保持最佳狀態

別以為連續通宵加班，一臉疲憊的樣子，會博得上司的讚賞和嘉勉。不錯，他可能會拍拍你的肩膀滿懷感激道：「辛苦你了」、「全靠你」等等的話，但是在他的心中則可能有覺得說，如「這年輕人體力不好」、「他能勝任更大的任務嗎？」等等。因此，千萬不要令上司對你產生同情之心，因為只有弱者才讓人同情。如果上司同情你，表明他對你的能力產生懷疑。無論什麼時候，在上司面前都要保持一貫的精神狀態，這樣他會不斷交託給你更重要的任務，以便你更好地表現自己。

七、不斷創新

讓上司知道你是一個對工作十分投入的人，不僅如此，你還要嘗試用不同的方法提高工作效率，使上司對你形成深刻的印象。一個靈活、不死板的人總會引人注目的。

總之，在工作中，你要主動爭取機會，引起上司對你的注意和重視。不要只做分內的工作，盡量把自己的才華適時地表現出來，讓大家都知道你是個多才多藝的人才，讓自己擁有更多表演的舞台。

向別人展現自己的才能，抓住出人頭地的機會，也要講究時機，如同孔雀開屏一樣，在沒有觀眾的情況下演出，顯然沒有任何意義。相反還會被人誤以爲你是一個愛出風頭的人。

經常聽到一些人埋怨機會不等，命運不公，總覺得自己碰不到機會。每每看到別人的成功，總是歸結爲「運氣好」。實際上，從整體上說，機會對每一個人都是公平的。

有沒有機會，關鍵在於主觀。機會不可能無緣無故從天而降，或像路標一樣，就在前面靜靜地等著你。機會永遠垂青那些早有準備的人。

你是被動、消極地等待機會，還是主動去追求？等待機會不像是等班車，時間到車就來。機會就像你身邊小河裡的魚，只有你主動去抓捕，才有抓住的可能。

機會到處都有，就看你是否抓得住。「沒有機會」，這是失敗者的推託之辭，有志氣的人是不會這樣怨天尤人的。他們在做事前會密切觀察、留意機會，在工作過程中則盡可能利用一切可以利用的時機，他們不等待機會，他們會創造機會。

馬其頓國王亞歷山大在打了一次勝仗之後，有人去問他，假使有機會，想不想

攻占第二個城市。「什麼?」他怒吼起來,「機會?機會是我自己創造的!」世界上眞正缺少的,就是那些能夠製造機會的人。

有些人總是有點兒眼高手低,他們希冀一個突然的機遇把自己從地獄送到天堂,眨眼之間便具有了值得大肆炫耀的工作,一夜之間就能一舉成名。他們往往爲著一心要摘取遠處的玫瑰,反而將近在腳下的菊花踏壞了,他們忘記了大事業要從小處著手。

我們經常看到,無論是在職業的選擇中,還是在工作和勞動中,成功往往屬於那些身處逆境的人,他們沒有良好的條件,沒有捷徑的道路可走,也不希求外在機會的垂青,所以,他們走的路最實在,他們所得到的機遇也就會最多。我們必須充分認識到這一點,自覺而頑強地爲自己創造機會。

爲什麼有的人機遇就特別多?從他們的經驗可以看出,他們有自己的一套接近機遇,創造機會的方法,你不妨也這樣去尋找機會、抓住機會。

一、機會來臨時,快刀斬亂麻

有道是:「機不可失,時不再來。」如果平時沒有養成主動挑戰的精神,當機會忽然來臨時，反而心生猶豫，不知該如何接受，在患得患失之際，機會擦肩而過，悔之晚矣。因此，你在平時就應養成主動接受挑戰的精神。比如，若有在眾人面前表現或發表意見的機會，就應盡量利用，一方面克服心理障礙，一方面訓練自己的膽識。

二、把眼前的工作做好，機會便會更多些

機會是在你不斷的努力中光臨的，你不能指望不做好工作，機會就會降臨在你面前。這樣，即使機會來臨，你也難以抓住。因此你平時就要做好這方面的準備和積累。這種準備和積累，就是努力做好日常工作，且無論大事小事，都盡最大的努力去完成。

三、表現出自己的才能，別人才會幫你抓住機會

機會就是替自己的才華安裝的聚光燈。要抓住機會，僅僅有才華還不夠，還需要把才華顯示出來，讓身邊的人尤其是上司知道。這樣，機會光臨時，就可能發生

這樣的事，你自己沒想到逮住這個機會，可是上司卻因爲你有出眾的才華，而幫你逮住了這個機會，讓你喜出望外，如願以償。

好人緣鋪就成功路

在工作中，人與人之間的關係是一種相互依存的關係，不僅所肩負的事業存在共同性，而且也有更多工作必須依靠合作才能完成。因此如果互相拆台、從中作梗，想把一件事做好是不大可能的。而讓周圍的人都能捧場和合作，自然需要氣氛上的和諧一致。倘若情感上互不相容，氣氛上尷尬緊張，就不可能步調一致地工作。

職場上的人際關係就跟蜘蛛織網一樣，網織得越大越牢固，工作就越容易開展，事業就越容易成功。

作爲辦公室的一員，你不僅要具有足夠的專業知識和工作能力，還必須有建立良好人際關係的能力，就像蜘蛛合理利用每一根蜘蛛絲來織網捕食一樣。

有一位女士，不斷更換公司，一心要找個合適的工作環境。她說：「我上班時，整天聽到別人對我發牢騷、抱怨、批評，害得我的情緒也因此受到干擾。所以我只好一而再地換工作，只是爲了換換新面孔，聽聽新話題。結果別人仍然是那樣對待我，幾乎沒有絲毫的改變。」「最後我終於發現，問題不在他們，在我自己，因爲我沒有處理好與同事之間的人際關係，才使自己經常處於被動的地位。」

建立良好人際關係是一個不斷努力的過程，你必須不斷爭取同事和上司的信任。同時，也要不斷自我檢討和改正自己的錯誤。良好的人際關係不僅可幫助你事業成功，也可挖掘你的內在潛能。

掌握以下五種技巧，必能爲你建立良好的人際關係。

一、勤勞

在辦公室內，即使你效率甚佳，做事迅速，仍要懂得適當掌握尺度，盡量把工作時間調節得比別人快一點，但不可太快，否則必然招來嫉妒，有損良好人際關係的原則。

二、謙卑

要獲得同事的認同和接受，態度一定要謙卑，凡事要忍讓，要有孔融讓梨的精神。

三、慎言

慎言也就是與同事不談公司內部的人和事，無論是或非、讚揚或排斥，都不要忽略對方的自身利益。凡事多聽少說，明哲保身才是最佳策略。

四、活躍

脫離群體的人是很難建立良好的人際關係，所以要多參加公司的各項活動才能加深別人對你的印象。不論是上司、同事還是下屬，只要有人舉行慶祝生日、升職等諸如此類的活動，都須到席，因爲你能多出兩分熱誠，就能減少兩分別人對你的戒心。

五、慷慨

既然參與就一定要全身心投入，所以凡同事生日或宴會或送蛋糕或買禮物，都要合理花錢。當然，這對普通上班族來說，這些開支或許不少。但是，你必須牢記，這樣做換來的利益是難以估量的，建立良好的人際關係對你絕對是有百利而無一害的。

善於編織人際網的辦公室人士，是最受歡迎的，他所承受的壓力比別人小，成功的機率也相對較高。卡內基說：「一個人的成功，只有15%是由於他的專業技術，而85%則要靠人際關係和他做人處世的能力。」

人際關係有時也跟蜘蛛網一樣，會因爲一場突如其來的暴風雨而遭受破壞。當你的人際關係出現危機，你與同事之間出現裂痕，和他們之間的交往出現障礙時，你會怎麼去做呢？

同事之間有競爭、有摩擦，這是不可避免的。但作爲一個高明的辦公室人士，應該懂得如何把這種摩擦降到最低限度，應當學會如何把這種競爭導向對自己有利的方向。

有人說：「辦公室裡沒有永遠的敵人，只有永遠的朋友。」人與人之間，或許會有不共戴天之仇，但在辦公室裡，類似「仇恨」是不會達到那種地步的。畢竟你們是同事，都在爲同一家公司工作，只要矛盾並沒有發展到你死我活的境況，總是可以化解的。記住：敵意是一點一點增加的，也可以一點一點消除。同在一家公司謀生，還是少結冤家比較有利於你自己。不過，化解敵意，與同事和好也有一定的技巧。

比如，與你平時關係最密切的同事，突然之間對你十分不滿，不但對你異常冷漠，有時甚至你跟他說話，他也不理不睬。但你不知道什麼時候得罪了對方，想了很久也理不出頭緒。

這時你如果按捺不住，想問對方自己有什麼不對的地方，對方可能會冷冷地回答：「沒有什麼不妥。」到了這個地步，又如何是好呢？

既然他說沒有不妥，你就可乘機說：「眞高興你親口告訴我沒事，因爲我萬一有不對的地方，我樂意改正。我很珍惜我倆的合作關係。一起去喝杯酒，如何？」這樣，就可以讓他面對現實和表態。要是一切如他所言的沒事，那你們就會和好如初了。盡量加強與他交心的機會，友善地對待，對方是怎麼也不會拒絕的。

如果你做錯了事，且影響到別人，要及時道歉。勇於認錯的人並不多，處處設身處地去感受他人的心態，再給予支持，沒有人會不喜歡你的。

在工作中，你和某同事大吵大鬧起來，這對你的形象和信心會有無形的壞影響。出現這樣的情況，你就要注意及時補救，以便修補你們之間的裂痕。

你與同事在某件事上持不同意見，又互不相讓，以致言語上有衝突，你希望把壞情況扭轉，並願意向對方道歉。可是，同事似乎處於極度失望和懊惱當中，使你歉疚更深。

其實，最佳和最有效的策略是，向他簡單地道歉：「對不起，我實在有點過分，我保證不會有下次了。」

要是你重提舊事，企圖狡辯些什麼，只會惹來另一次衝突。同時，顯得你缺乏誠意，人家日後再也不會相信你了。記著，你的目標是將事情軟化下來，與同事化敵為友。所以，最好靜待對方心情好轉或平和些時，正式提出道歉。

主動表示友善，露出誠懇之態，沒有人會拒你千里的。

「要想建立良好的人際關係，你必須勤下功夫。」這是蘋果電腦人力資源資深副總裁蘇利文對員工提出的忠告。

成功有個基本的原則，那就是：成功有賴於他人的支持。維持良好的人際關係，是成功的有利條件之一。要建立良好的人際關係需注意以下幾點：

（1）**讓別人支持你**。培養人緣，平易近人，以贏得他人的支持，有助於你邁向成功之路。

（2）**先伸出友誼之手**。先表示對他的友好，給他留個好印象。

的意見。

（3）接受別人與你不同的意見。記住，世上沒有完人，別人有權與你持不同的意見。

（4）關注別人好的一面。看別人值得喜歡、欽羨的一面，不要讓別人影響你對第三者的看法。想對方好的一面，自會得到肯定的回報。

（5）彬彬有禮。彬彬有禮讓別人感到舒服，也令你感到舒服。

（6）說話要慷慨，學做成功的人。鼓勵其他人開口，讓別人發表他的觀點、意見。

（7）事情不成不要埋怨別人。記住：你對失敗的態度決定你東山再起時間的長短。

目標遠大不如目標準確

職場中有很多人抱著得過且過的心態，他們沒有目標，每天匆匆忙忙來上班，馬馬虎虎應付工作，一心盼著早點下班。他們從未靜心思考自己的理想是什麼，自

己應該成就怎樣的一番事業。

一個人若想成就一番事業，在自己的職業生涯中打拚出一片天地，在職場中占有一席之地，就必須具備一個遠大的目標。

一個有生氣、有計畫、有遠大目標的人，一定會不辭勞苦，聚精會神地向前邁進。他們從來不會說「得過且過」這些話。他們的生活永遠是嶄新的，每天都在進步。他們時時擔心自己的能力不夠，惟恐機會來臨時自己無力承擔。如同鴻雁的心中因爲有一個遠大的目標——到溫暖的南方去，才使它們能夠飛過千山萬水，忍受雨打風吹。

沒有目標的人，一如水上的浮萍，東漂西蕩，不知何去何從，自然一無所獲。有了目標，你就可以更深地挖掘自己的潛力，更好地把握住現在。督促自己認眞地對待工作，並傾盡全力，以取得好的結果，進而實現加薪升職，取得事業成功的目標。

有了目標，你就可以改變工作中、事業上的不理想現狀，包括你低微的職位、枯燥乏味的工作、看不見前途的事業等等。當你爲自己制定了一個遠大的目標之後，你便會感覺到湧動在你心底裡的巨大的潛能，而正是這個潛能可以改變你的一生。

可是怎樣才能爲你的事業設立一個遠大的目標呢？

首先，在紙上列出令你心動的事業目標，即你最想達到的事業的最高點。

寫的時候要力求快速，不要讓筆停下來，也別去想這個目標是否能夠達到或是否合理，只要想到了就把它寫在紙上。在這個步驟中，你不要去管怎麼去做，更別管自己是否有能力，只要確定自己要什麼就足夠了。

然後，你就要加強心理建設。

你要對自己所寫下的目標抱有充分的信心和強烈的渴望，不要嘲笑自己，或者試圖說服自己放棄那些荒唐的想法。先把實際放在一邊，讓自己的想像力充分活躍，並鼓勵它嘗試各種可能。

最後，你必須和得過且過的思想作別，試著去喜歡你的工作，並對工作充滿熱忱。

把遠大的理想作爲自己的座右銘，讓它鞭策自己，規範自己的行爲。對工作充滿信心，並堅信自己只要努力，就能取得成功，實現目標。只有這樣，理想才不會變成空想，你才不至於徘徊在成功大門之外。

在設立目標時，你的目標必須是明確的，否則你依舊不能獲得成功。

拿破崙·希爾說，目標必須是長期的、特定的、具體化的、遠大的。

沒有長期的目標，你就可能會被短期的種種挫折擊倒。比如，工作失誤，你嚮往的職位落到別人身上，你的上司對你的表現不滿，資深的同事處處壓制你等等問題，可能會令你心灰意冷、自怨自艾，進而陷入「常立志」的循環中，使你的事業半途而廢，最終一事無成。

同樣，如果你的目標過於籠統，也無法發揮出巨大的作用。因爲不管你多有能力、才華和知識，如果無法把它們集中到特定的目標上，你永遠無法取得成功。就像要想獵到鳥，就得瞄準其中的一隻，而不是向鳥群射擊。

所以，你得確信你的目標是明確的、長遠的，否則你只能擁有碌碌無爲的一生。

有了明確的目標之後，你還需要有具體的實施計畫才能實現目標。只設定了目標是不夠的，因爲設立目標時考慮的只是「什麼」的問題，而實現目標則需要考慮「如何」，所以，要將目標再分成一個一個的小目標，並採取有效措施實現它們。

在制定目標的實施計畫時，你需要考慮以下幾個問題：

一、你的目標是否適合自己

遠大的目標是自己努力的方向，然而如果目標沒有經過深思熟慮，不考慮是否適合自己就確定下來的話，最終只能是失敗。所以，你應該認眞分析自己的優勢和劣勢，愼重地爲自己的人生選定方向，不可輕下決定，否則你將很難獲得成功。

二、客觀地分析將會面對的障礙，並想辦法去克服它們

列出實現目標的理由。清楚地知道實現目標的好處，有利於你增強毅力，堅定信心。

列出實現目標所需的條件。若不知實現該目標所需的條件，如何去實現則會變得模糊。比如，你想擁有一家自己的公司，這時你就需要弄清楚一個公司需要多少資金，以及管理它所需具備的管理知識等等。只有弄清楚這些，你才能找出差距和不足，以後注意去積累和學習，否則，你會感覺無從下手。

列出目前不能實現目標的所有原因。從難到易排列其困難度，並自問「現在可以用什麼方法來解決這些問題？」並再次寫下。

列出解決方案之後，立即採取行動，以增強自己的信心。

三、設下時間表

爲你的目標設定時限，並從實現目標的最終期限倒推到現在。比如，你決定兩年之內當上銷售部的經理，那麼你就得寫出今年所要達到的目標（比如成爲業務主管），再訂出每個月所要實現的銷售業績，以及每週甚至每天所要做的事。

設下時間表後要馬上採取行動，並每天衡量進度，每天檢查結果。經常檢查結果，不但有利於糾正計畫中的錯誤，還可以用不斷上升的成果鼓勵自己，以堅定自己的信心，支持自己做下去，並最終實現目標。

職場中並非事事如意。在你爲實現自己的目標而努力工作的時候，你的同事們可能會嘲笑你、孤立你，你的上司也許會誤會你，壓制你，這時你該怎麼辦？是打消自己的念頭，轉移先前的目標呢？還是執著地走下去呢？在這時候大部分人選擇了放棄，所以，他們都沒有成功。

奔向成功、實現理想的旅程漫長並布滿荊棘，如果你沒有堅強的毅力作爲支撐，你很可能會半途而廢。

看一看你的周圍，那些訂了目標沒多久就退縮的人，那些在距離目標只有五尺之遠，卻因欠缺毅力而垮下的人，那些企盼立刻看到結果但因遭遇挫折而匆匆放棄的人，絕不能獲得事業最大的獎賞，也不能實現自己的目標。

堅強的毅力是果斷地做出決斷、全神貫注地努力和堅持不懈地走下去這三點的結合，只有做到這三點，你才能最終獲得成功。

果敢地做出決定，需要你知道自己所要的是什麼。一個職業人只要他的言行顯示出他知道自己的目的地，職場中就會為他保留一席之地。下決心需要有勇氣，不要去理會別人的意見。如果你總被同事的意見、上司的想法所左右，你就會變得猶豫不決，最後可能一件事也做不成。

全神貫注的努力要求你把全部精力都放在工作上，不要為一些細小無關的事情分散注意力。在確定目標並為之努力的過程中，你肯定會遇到各種的誘惑，或者想偷懶，找各種藉口為自己開脫，這時最需要你把全部精力都放到實現目標上來，做到心無旁騖，即使旁有黃金美玉、絲竹之音也不為所動。

堅持不懈的精神是實現目標的要訣。要想培養自己堅持不懈的精神，必須有明確的目標、對事業的強烈渴望、對工作有極大的熱忱、落實計畫的行動和決心，只有具備了上述這些品質你才能對目標堅持不懈，持之以恆。

要想增強自己的毅力，你就要拿出勇氣來認真地評判你自己，發現並清除下列會妨礙你獲得成功的幾個敵人：

（1）有原因或無原因的拖延（即使有原因也通常是掩飾的藉口）。

（2）對於工作不感興趣。

（3）猶豫不決，在所有場合都推諉責任，不敢正視問題。

（4）不制訂明確的計畫去解決問題。
（5）自滿（除非你能克服這個毛病，否則你就不會有成功的希望）。
（6）將自己的錯誤歸咎於別人，並甘於在自認爲不可避免的不利環境中生活。
（7）試圖尋找成功的捷徑，有一種不想努力就想成功的賭徒心理。
（8）怕人批評，不願制訂計畫並將計畫付諸實施。

不要以任何藉口爲自己欠缺毅力開脫，摒棄你心裡的這些想法，你就會具有堅強的毅力，繼而獲得成功。

善於團隊合作，不做「獨行俠」

現代很多人都信仰個人英雄主義。自認爲憑借一己之力就可以打拼天下，撐起一片藍天。因此，很多人往往會忽略應有的團隊意識，而專心致力於開拓自己的成功之道。但是，現實卻往往令他們非常失望，他們非但沒有得到令人欽羨的成績，反而總是被公司炒魷魚。其實，這就和蜜蜂的故事中描述的一樣，單憑一隻蜜蜂的力量是很難把所有的花粉都採集回來的。作爲一個個體，就算你才華洋溢，無所不能，但一個人的力量畢竟有限，僅靠自己很難創造出令人滿意的業績。

存在上述「獨行俠」意識的人有很多，他們的共同點大致如下：

（1）從不承認團隊對自己有幫助，即使接受過幫助也認爲這是團隊的義務。

（2）遇到困難喜歡單獨蠻幹，從不和其他同事溝通交流。

（3）好大喜功，專做不在自己能力範圍之內的事。

一個人如果以這種態度對待所面對的團體，那麼其前途必將是黯淡的。只有把自己融入到團隊的人才能取得大的成功。融入團隊必先要有團隊意識。要讓自己擁有團隊意識，首先就要摒棄「獨行俠」的思想，和「自視頗高」、「剛愎自用」堅決作別，代之以「眾志成城」、「齊心協力」的團隊意識。

在專業化分工越來越細、競爭日益激烈的今天，靠一個人的力量是無法面對千頭萬緒的工作。一個人可以憑著自己的能力取得一定的成就，但是如果把你的能力與別人的能力結合起來，就會取得更大的令人意想不到的成就。

一加一等於二，這是人人都知道的算術，可是用在人與人的團結合作上，所創造的業績就不再是一加一等於二了，而可能是一加一等於三、等於四、等於五……團結就是力量，這是再淺顯不過的道理了。

一個人是否具有團隊合作的精神，將直接關係到他的工作業績。一些大公司在招考人才時，十分注意人才的團隊精神，他們認爲一個人是否能和別人相處與合作，要比他個人的能力重要得多。有調查顯示，96％的決策是由團隊做出的，而個人做出決策的卻很少。

有一家生產汽車電器產品的公司，業務科負責採購某一原材料的採購員因病住院，無法及時回公司採購生產急需的原料，而業務科其他採購員只顧忙自己的任務，並以業務不熟悉爲由不願出面幫忙，他們把自己負責的採購任務出色完成了，其原料堆在倉庫裡一年都用不完。而生病住院的採購員負責採購的原料沒能及時供應上來，結果造成公司因缺乏一種原料而停產了一個星期，給公司造成了巨大的損失。

這個事例說明，一個沒有團隊精神的員工，即使個人工作做得再好也無濟於事。就像上述所說的採購員一樣，只顧完成自己的工作，但缺少團結協作，以至影響到整個部門，乃至整個公司的效益。

在一個公司裡，幾乎沒有一件工作是一個人能獨立完成的，大多數人只是在高度分工中擔任一部分工作。只有依靠部門中全體職員的互相合作、互補不足，工作才能順利進行，才能成就一番事業。

作爲一個工作中的個體，只有把自己融入到整個團隊之中，憑借整個集體的力

量，才能把自己所不能完成的棘手的問題解決好。當你來到一個新的單位，你的上司很可能會分配給你一個你難以獨立完成的工作。上司這樣做的目的就是要考察你的合作精神，他要知道的僅僅是你是否善於合作，勤於溝通。如果你不言不語，一個人費勁地摸索，最後的結果只能是死路一條。明智且能獲得成功的捷徑就是充分利用團隊的力量。

一位專家指出：現代年輕人在職場中普遍表現出的自負和自傲，使他們在融入工作環境方面顯得緩慢和困難。這是因爲他們缺乏團隊合作精神，項目都是自己做，不願和同事一起想辦法，結果每個人都會做出不同的結果，最後對公司一點用也沒有。

事實上，一個人的成功不是眞正的成功，團隊的成功才是最大的成功。對每一個上班族來說，謙虛、自信、誠信、善於溝通、團隊精神等一些傳統美德是非常重要的。團隊精神在一個公司，在一個人的事業發展中都是不容忽視的。

那麼怎樣加強與同事間的合作，提高自己的團隊合作精神呢？

一、善於交流

同在一個辦公室工作，你與同事之間會存在某些差別，知識、能力、經歷造成你們在對待和處理工作時，會產生不同的想法。交流是協調的開始，把自己的想法說出來，聽聽對方的想法。如你可以經常問：「你看這事怎麼辦，我想聽聽你的想法。」

二、平等友善

即使你各方面都很優秀，即使你認爲自己以一個人的力量就能解決眼前的工作，也不要顯得太張狂。要知道還有以後，以後你並不一定能完成一切。還是做個朋友吧，平等地對待對方。

三、積極樂觀

心情是可以傳染的，沒有人願意和一個愁眉苦臉的人在一起。即使是遇到十分麻煩的事，也要樂觀，你要對你的夥伴們說：「我們是最優秀的，肯定可以把這件事解決，如果成功了，我請大家喝一杯。」

四、創造能力

一加一大於二，但你應該讓它大得更多。培養自己的創造能力，不要安於現狀，試著發掘自己的潛力。一個有不凡表現的人，除了能保持與人合作以外，還需要所有人樂意與你合作。

五、接受批評

請把你的同事和夥伴當成你的朋友，坦然接受他的批評。一個對批評暴跳如雷的人，每個人都會敬而遠之的。

在同一個辦公室裡，同事之間有著密切的聯繫，誰都脫離不了群體。依靠群體的力量，做合適的工作而又成功者，不僅是自己個人的成功，同時也是整個團體的成功。相反，明知自己沒有獨立完成的能力，卻被個人欲望或感情所驅使，去做一個根本無法勝任的工作，那麼失敗的機會也一定更多。而且還不僅是你一個人的失敗，同時也會牽連到周圍的人，進而影響到整個公司。

由此不難看出，一個團隊、一個集體，對一個人的影響十分巨大。善於合作，有優秀團隊意識的人，整個團隊也能帶給他無窮的收益。一個個體、一個社會人，要想在工作中快速成長，就必須依靠團隊、依靠集體的力量來提升自己。

常做工作中的「有心人」

每一位老闆或上司都希望自己的員工能主動工作，並帶著思考投入工作，他絕不想讓員工變成「機器」，也不願接受機器般的員工和下屬，因爲這樣會讓他不得不分出精力去指導具體業務的進行。

因此，在工作中，你若不能發揮主動接受、思考及實踐的精神，你就永遠不可能有進步，而永遠被人踩在腳下。

首先，你不能只一味地按照指令上說的去做，上司沒有交待的事就絕對不做；也不能整天抱著「只要領得到薪水就成了」的想法。

每天按時上班、按時下班，絕不在公司多待上一分一秒；上司交待的工作雖然不會拖拖拉拉完成，也絕對不會超前完成；在完成了現有工作之後，如果上司沒有

分配下一次任務，也不會主動找工作去做，並認爲上司沒有及時交待工作任務是他的過失等這些做法都是錯誤的。

你應該主動去發掘工作，而不是等著老闆或上司指派。在老闆的心目中，員工是不能在辦公時間停下來的，員工有責任去發掘工作，而不是讓工作去等他們。

其次，如果你不能很好地領會老闆和上司的意圖去完成工作，並能夠自己思考著將這種意圖實踐到工作中去，他們就算不炒你的魷魚，也絕不會升你的職。

一位老闆在他的回憶錄中這樣寫道：

「事實上往往有些員工接到指令就去執行，他需要老闆具體而詳細地說明每一個項目，而他本人只是不假思索地執行，完全不去思考任務本身的意義，以及可以發展到什麼程度。」

「我認爲這種員工是不會有出息的。因爲他們不知道思考能力對於人的發展是多麼的重要。」

「不思進取的人由接到指令的那一刻開始，就感到厭倦，他們不願花半點腦筋，最好是能像電腦一樣，輸入了程式就不用思考地把工作完成。」

上司的時間是寶貴的，因爲他們必須處理各方面的事情，所以若是你能很好地領會他們的意圖並去執行任務，對他們來說簡直再好不過了。

所以，你需要很明確地掌握老闆和上司的指令，並加上本身的智慧與才幹，把指令的內容做得比老闆或上司想像得還要好。

工作時，時時思考自己是否有做到以下四點：

第一，要主動地學習更多的有關工作範圍的知識，隨時運用到工作上；

第二，要有高度的自律能力，不用督促就可以把工作效率保持在一定水準之上；

第三，發掘更多的、更適時的市場資料，用在工作上；

第四，從別人那裡學習好的工作方法和工作經驗，應當敢於在實踐中合理運用。

學會在工作中做一個「有心人」，你的工作和你的事業才能發展得更接近你的理想。

做事靈活、懂得適時變通的人總是能領先別人一步，職場上更是如此。猴子般的機智和應變能力，是你在職場中鶴立雞群的法寶。

不懂機智應變的人也許工作非常努力刻苦，但充其量不過是一頭勤奮的牛，只能用來做粗活，被人牽著鼻子工作。

在工作的過程中，每當遇到困難時，你所做出的應變行爲是否恰當，是老闆加分或扣分的依據。假如你的應變符合老闆的意願，你就獲得了一次令老闆賞識的機會，向牽牛人的位子近了一步，反之，就離牽牛人的位子越來越遠。

那麼應變技巧從何而來呢？

應變技巧不是與生俱來的天賦，是可以通過不斷的學習和演練培養出來的。下面，就教你幾招遇到阻礙時如何應變的技巧：

一、了解公司在各個時期內要達到的目標

比如，在某一個年度內要做成多少筆生意，吸收多少個客戶，或達到某個項目的盈利數目等。除此之外，還有必要採取哪些具體的行動，以配合公司的發展。

在實際的工作過程中，你必須對公司的要求和變化瞭若指掌，尤其當你遇到一位健忘或喜歡隨時改變主意的老闆時，你必須緊緊跟在他們後面走，以他們的目標為目標。

二、把習慣上的抱怨變成理解

在工作中遇到麻煩的老闆、嘮叨的客戶、刁鑽古怪的同事，的確是令人沮喪而又無可奈何的事，不少人經常為此抱怨連連，甚至詛咒。

其實，你的這種表現也在不自覺間給別人造成很大的壓力。在社會交往中，人與人之間的溝通是一種循環，是相互的關係，如果相互給予壓力，也會相互承受壓力。因此，把習慣上的抱怨變成理解，可以減少這種人際交往中的摩擦。

在與上司和同事以及客戶相處的過程中，只有將抗拒轉爲接納，才能表現出你良好的應變能力。

三、以不變應萬變

假如工作中遇到突然的變故，大多數人都會手足無措，一時間不知如何是好。事實上，與其急得團團轉，還不如冷靜地以不變的方式應付。

因爲，很多時候工作上的一些突發事件，是屬於過渡性質，並不需要你眞正做出行動上的配合。比如，遇到蠻不講理的客戶，你只要在表面上作出附和他們的樣子，實際上仍保持一貫的作風和態度就足以應付。

俗話說：「識時務者爲俊傑。」在工作中，只有學會因時制宜，順勢而動，才能做到處變不驚、巧妙應付、化險爲夷。

聰明的猴子不會呆守著空無果實的樹林活活餓死，而是會尋找新的家園，換一

種方式生活；聰明的職場人士也不應該只會遵循固有的工作方式和方法，而應該勇於嘗試新的方式和方法。

當所有的方法都行不通或者達不到理想的效果時，運用智慧開闢一個新的方法和途徑，常常能得到「柳暗花明又一村」的效果。

有這樣一個故事：

兩個歐洲的推銷員去非洲推銷皮鞋。由於天氣炎熱，非洲人向來都赤著腳。第一個推銷員看到此景立刻失望起來，並即刻打道回府。而另一個推銷員卻驚喜萬分：「這些人都沒有鞋穿，一定大有市場啊！」於是他想方設法，引導非洲人購買皮鞋，結果發大財而歸。

這就是創新與守舊的天壤之別。同樣是非洲市場，同樣面對赤著腳的非洲人，由於觀念之差，一個人因循守舊，不戰而敗；而另一個人信心滿懷，敢於創新，大獲全勝。

對於職場人士來說，只重守不重變是非常不明智的。不敢做出改變與嘗試，落後的工作觀念就會束縛他們的發展，使他們離成功越來越遠。

要知道，創新行為不僅對公司有利，也對個人的形象、聲譽、能力和前途有利。成敗得失並非關鍵，重要的是你是否有勇於嘗試的精神，無論創新的意念是否獲得接納，執行得是否順利，都能顯示出你對公司的熱誠和責任感，並讓你獲得老闆和同事的認同，這對你的發展至關重要。

爲了使自己能在工作中隨機應變、敢爲天下先，你應該注意以下幾點：

一、要樂於接受各種創意

要摒棄「以前有人做過，都失敗了，我也不可能做到」，「老闆絕對不會支持我」，「我不能冒這個險」等思想。

曾有一位非常傑出的推銷員說：「我並不想把自己裝得精明幹練，但我卻是這個行業中最好的一塊海綿。我盡我所能地吸取所有良好的創意。」

二、要勇於嘗試新的事物

試著培養自己的冒險精神，廢除固定的工作模式。閱讀一些新的有關工作的書籍，結識一些新的客戶，改變一下以往的上班路線，或在休息時間去一個陌生的地方旅遊。多學習一些與行業相關的新知識，可以擴展你的能力，爲你以後擔當更重大的責任作準備。

三、要帶著問題工作

成功的職場人士都喜歡問自己：「怎麼樣才能做得更好？」人只要具有問題意識，自然能夠了解自己周圍所不足的還有很多，這些可能正是公司今後的策略和方針。

四、不斷地為自己設立可行性目標

不斷地爲自己設定較高的目標，不斷尋求增進效率的各種方法，以較少的精力做較多的事情。記住，「最大的成功」都是保留給具有「我能把事情做得更好」的態度的人。

五、管理和發展你的創意

創新的意念也許只是產生在一個瞬間，如果沒有立刻寫下來就可能隨時「飛」走。因此，隨身帶著筆記本，創意一來，馬上記下。然後，定期複習你的創意，找出有價值的創意繼續培養及完善。

如果你能夠做到以上五點，就會很容易地摒棄保守的思想，逐步培養起創新的意念，並利用創新推進自己的事業。

多站在他人的立場考慮問題

在職場中誰都不可避免地會聽到與自己相左的意見，或者受到上司批評，這時很多人雖表面上接受，但心底裡卻爲自己辯解。在工作時，他們會不情願地依照上司的吩咐辦，並酸溜溜地說：「是上司叫我這麼辦的，對錯都與我無關。」甚至有些人還會「消極抵抗」，應付工作。

如果你也抱著這樣的想法，對上司指出的錯誤耿耿於懷，甚至爲報復上司而對工作敷衍了事，那麼你就別指望會獲得升遷的機會了。

善於理解上司的意圖，正確對待上司的批評指正，接受意見並認眞完成工作是很重要的。因爲只有這樣你才更容易得到上司的認同和好感，進而受到重用，獲得加薪升職的機會。

可是怎樣才能做到這一點呢？

首先，站在上司的角度思考問題，你就更容易接受上司的批評，而且經常這樣換位思考，還可以提高你的能力。

一般人只會在自己的立場上與上司的批評糾纏——怎麼也想不通上司的意見爲什麼有道理，其實，只要你站在上司的角度思考一下，你就很容易想通了。這樣你就更容易認清自己的錯誤，接受上司的意見，而不至於犯「消極抵抗」的錯誤。

一般來說，上司思考問題的方式與普通職員不同，上司是以公司利益爲出發點，從整體上統籌考慮問題，以大局爲重；而普通職員則從自己的角度做決定，往往犧牲大局而保住個人。

例如，有兩個員工發生爭執，上司知道這兩個人都很有才幹，只是都稍有點兒自我主義，上司絕不會因此而解僱他們，更不願因此影響工作上的默契。所以，他會讓兩個人分開，在不同的部門發揮他們的才能。而如果換成一般下屬，則可能會從嚴肅紀律出發，辭退其中一人。

上司的每一個決定，都有他自己的理由和想法。也許你會認爲他的某些決定是不明智的，但是他的決定一定是經過一番思考才作出的。在上司看來，希望獲得一樣東西，與放棄項目同樣有意義。而如果你嘗試上司的思考方式，你就會跳出自己的小圈子，讓自己變得目光遠大，更注意整體和大局，而不是目光狹隘地做決策。此外更能學習到他精明的領導方法。

其次，要會聽弦外之音。只要上司一個眼神或一個暗示，就能正確理解其中深義。

領會上司的意圖、讀懂上司對於一個下屬來說尤爲重要。上司比較喜歡「機靈、悟性好、一點就透」的下屬，有重要的工作也會交給他們去做，所以他們也就很容易獲得重用的機會。而如果上司總抱怨你「不靈通，交代多少遍仍不明白」，那你還會得到上司重用嗎？

要想讓自己變得「機靈」點兒，能夠把握住上司的意圖，你就得增進對上司的接觸和了解。應善於察言觀色，多思考、多揣摩。

怎樣才能做到善於領會上司的意圖呢？

一、調整心態，鼓足勇氣

要想增進你與上司的了解，你就需要有足夠的勇氣。與上司交談時要避免膽怯畏懼、怕出錯誤、言談舉止不自然等狀況，否則，這樣的「交往」效果會很差，甚至還會給上司留下壞印象。

二、努力創造與上司接觸的機會

如果在電梯間、走廊裡、吃午餐時遇見你的上司，走過去向他問聲好，或者和他談幾句工作上的事，千萬不要像其他同事一樣假裝沒看見。

如果在公司以外的場合如酒吧、電影院、音樂會等公共場所，遇見了你的上司，千萬不要避免讓他看見你，相反應主動迎上去，向他問候，這能表明你與上司興趣相投，而這正給你一個更深了解他的機會，並能夠很容易地獲得他的好感。

三、經常揣摩上司的心思

多注意上司處理事情的思路，並試著推測一下，你就能慢慢領會上司的意圖了。不要僅從字面上理解上司的話，而應探究其深層涵義。比如上司說「天氣眞冷」，他可能不是只想告訴你天氣狀況，也許是請你「打開暖氣」的意思。只有平時多注意觀察揣摩，在關鍵時刻你才能正確意會上司的暗示，與上司默契合作。

所以，做一個有心人，對你的上司察言觀色，並領會他的弦外之音，你就能輕鬆獲得上司的肯定和重用，到那時加薪和升遷離你還會很遙遠嗎？

四、尊重你的上司，體諒他的難處，接受他的觀念

無論你的上司是精明還是拙劣（他們之中的確有些人心胸狹窄或無眞才實學），你必須尊重他們。精明的上司自不必說，他的才能和處理手段就令人肅然起敬，可是爲什麼對拙劣的上司也要尊重呢？

職場中的確有些上司無才無德，對下屬的工作總是雞蛋裡挑骨頭，令下屬煩惱不已，並在心底裡瞧不起他。但如果這種事落到了你的頭上，你最好尊重他。因爲他既能成爲上司，就必有他的過人之處，在他的身上找出優點，並虛心學習，你也會得到他的好感。

從另一方面來講，不尊重上司可能會影響你的前途。如果你因爲看不起你的上司而與他發生爭執，必然不利於你在公司的生存和晉升。對上司保持尊重的態度是工作倫理之一。

體諒上司的難處，也是很重要的。上司得服從公司指示，以公司利益爲重，又

得顧全下屬，盡量爲下屬創造一個自由輕鬆的工作空間。但有些時候卻不能如願，這時下屬往往怨聲載道。如果你能體諒上司的難處，主動承擔較難的工作，你的上司就會在心底裡感激你，日後一定會重用你。

總之，善解人意是一個職場中人不可或缺的法寶，它可以讓上司注意你、喜歡你、重用你、提拔你。

在工作中善解人意，你可以更快更好地掌握業務技巧，從中學習更多的經驗，並應用到工作中去，這對初入職場的新職員極爲有利。如果你善解人意，你就會與你的新搭檔默契合作，並能減輕他的負擔，有利於你們更快更好地完成工作，也能使你們的合作更加完美。

怎樣才能與同事建立起默契的關係呢？你需要做到以下幾點：

（1）初入職場的人難免會聽到資深同事與自己相反的意見，這時不要生氣，反而應該高興，因爲這正是你學習的好機會。先把自己一流大學的文憑，以及你引以爲傲的專業放在一邊，虛心向他求教。因爲他對業務十分精熟，並有一套自己處理業務的技巧和方式，把這些學習過來並加以運用，可以替你省去很多摸索的時間。

（2）尊重同事的優勢和才華，也寬容同事的脾氣和個性。對他們，只欣賞他們美好的地方，而不去計較他們的缺點，或者與自己觀念不合的地方。不能理解的時候，就試著諒解；不能諒解，就平靜地接受。

（3）用你喜歡別人對待你的方式去對待別人。與同事相處要先讓三分，與長者相處先敬三分，與弱者相處先幫三分，這樣才可能得到別人的禮遇。

（4）給同事像及時雨一樣的幫助。比如，對窘迫的同事講一句解圍的話，對頹喪的同事講一句鼓勵的話，對迷途的同事講一句提醒的話，對自卑的同事講一句振奮的話……

（5）仔細聆聽同事談話，並從中獲得有價值的情報，爲今後更好地工作做好準備。積極溝通感情，經常交換意見，以增進對同事的了解，更快更好地領會他的意圖，以使以後的合作更加默契完美。

善解人意、容易溝通的人總能討人喜歡，給別人以懂事明理、機智靈通的感覺，能被上司重用、同事善待及下屬擁戴，更有利於作出優秀的工作業績，也更容易獲得升職加薪的機會。

執著是指引成功的領航燈

許多在職場中辛苦工作多年的人，心中早已忘卻了自己當初的目標，在工作中隨波逐流，甚至被一些困難嚇倒，無奈地聽候命運的安排。所以，到頭來沒有任何成就。

如果你想有別於這些人，那麼無論你職位高低，能力大小，都應該堅守自己定下的目標，利用它來指引你前進，領導你奔向成功的彼岸。

因爲除非你有確定、清楚的目標，否則你就不會察覺到自己內在最大的潛能，而永遠只是「徘徊的普通人」中的一個。

想擁有一個自己努力的方向，關鍵就是要認眞對自己的能力進行分析，然後總結出最適合自己的東西，並把這些總結確定爲自己努力的方向。

要想盡快確定你的方向，以下幾點可供你參考：

一、選定你的行業

你可以根據所學來選，如果你沒有機會「學以致用」，「學非所用」也沒有關係，很多成功者的成就和在學校學的並沒太大關係。因此，與其根據所學來選，不如根據興趣來選。而不管根據什麼來選，甚至隨緣也好，只要選定了這個行業，最好不要輕易轉行，因爲這會讓你學習中斷，降低效果。每一行都有每一行的苦與樂，因此你不必想太多，你要做的是：把精神放在你的工作上面。

行業選定了，接下來就要像海綿一樣，拚命地吸收這一行業中的各種知識。

你可以向同事、主管、前輩請教，沒有加班費也沒關係，這是「向內學習」。「向外學習」則是吸收各種報紙、雜誌的資訊，此外，專業實習班、講座、同行間的切磋也都可以參加。也就是，在你的本行裡，你要「全面性、全時間」地學習。

二、制訂目標

你可以把自己的學習分成幾個階段，並規定自己要在一定的時間內完成學習，這是一種壓迫式學習，可迫使自己向前進，也可改變自己的習性，訓練自己的意志，效果相當好。然後，你可以開始展現你學習的成果，你不必急著「功成名就」，一段時間過後，假如你學習有成，必然會受到他人的注意。當你成爲專家，你的身價必水漲船高，而這也就是你「有成就」的基本條件。

當你確定好自己的目標以後，許多的挑戰與困難也會接踵而至。如果此時稍一鬆懈，不僅不可能到達目標，很可能你還會從此一蹶不振。面對困難和波折，最需要的就是耐心和毅力，就像鮭魚在被水沖到很遠的地方，依然重新游回。

每個人一生都會遇上多次困境，工作上也是一樣。如果你選擇逃避，那麼困境將會一次又一次地造訪你，也就是說，逃避完全解決不了問題。

那麼該怎麼辦呢？

答案是再簡單不過了，就是勇敢地面對困境。不論困境的起因爲何，必須全力度過困境，這是任何人都明白的道理。

乍看之下，困境似乎總是複雜的，不過我們能做的就是面對它、解決它，然後承受它的結果——不論結果是好是壞。就另一方面而言，困境其實也是相當單純的。

眞正會在困境中阻撓你的，其實是你自己。如果在遇到困境時腦海裡還是想著「希望能毫無損失地度過困境」、「希望度過難題的方法能酷一點，不要落到那麼難看的下場」，那麼爲了思考到所謂的「妙計」，人就會自然而然陷入煩惱之中，這麼一來原本很單純的狀況，也會被自己搞得很複雜。

不管是平時還是遇到逆境時，你唯一的方法就是集中全力對付眼前的事，永不放棄，爭取最佳結果，而不是躲避、退縮、恐懼。

成功的人物並不是行動前就解決所有的問題，而是遭遇困難時能夠想辦法克服。不管從事什麼行業，遇到麻煩就要想辦法處理，就像遇到溝壑時就跨過一樣自然。

我們無論如何也買不到萬無一失的保險，因此只有下定決心去實現你的目標，抱著「任何阻礙都不能使我向後轉」的決心，才可能成功。假使你能時刻牢記自己的目標，你才不會在遇到困難及阻礙時退縮，你的剛毅和決心會幫助你克服許多難題，從而引領你到成功的彼岸。

在職場中要記住下面幾點：

（1）做個主動的人。要勇於實踐，做個眞正做事的人；不要做個不做事的人。

（2）不要等到萬事俱備以後才去做，永遠沒有絕對完美的事。預期將來一定有困難，一旦發生，就立刻解決。

（3）自己推動你的精神，不要坐等精神來推動你去做事。主動一點，自然會精神百倍。

（4）時時想到「現在」。「明天」、「下星期」、「將來」之類的句子跟「永遠不可能做到」意義相同，要變成「我現在就去做」那種人。

（5）立刻開始工作。不要把時間浪費在無謂的準備工作上，要立刻開始行動才好。

（6）態度要主動積極，做一個改革者。要自告奮勇去改善現狀。要自動承擔義務工作，向大家證明你有成功的能力與雄心。

多一份感恩圖報的心

職場中，沒有感恩圖報之心的人總是把公司、同事對他的付出視爲理所當然。當他在工作中稍有不如意時，會一味地期待他人的「幫助」；一旦有不滿，便牢騷滿腹，抱怨不止，或者「另起爐灶」，不斷跳槽。但跳來跳去，也跳不出自己狹隘的心理，跳不出苦悶的心情。結果，是鬱鬱終日。

如果你不想成爲這樣的人，如果你還期望在職場中取得成績，那麼，你必須學習山羊感恩圖報的精神。

感恩圖報既是一種良好的心態，也是一種奉獻精神，當你以一種感恩圖報的心情工作時，你會工作得更愉快、更出色。

一位成功的職業人士曾說：「是一種感恩的心情改變了我的人生。當我清楚地意識到我無任何權利要求別人時，我對周圍的點滴關懷都懷抱強烈的感恩之情。我竭力要回報他們，我竭力要讓他們快樂。結果，我不僅工作得更加愉快，所獲得的幫助也更多，工作也更出色。我很快就獲得公司加薪升職的機會。」

每一份工作或每一個工作環境都無法盡善盡美。但每一份工作中都存有許多寶貴的經驗和資源，如失敗的沮喪、自我成長的喜悅、溫馨的工作夥伴、值得感謝的客戶等等，這些都是工作成功必須學習的感受和必須具備的財富。如果你能每天懷著感恩的心情去工作，在工作中始終牢記「擁有一份工作，就要懂得感恩」的道理，你一定會收穫許多。

一名普通辦事員在談到她破例被派往國外公司考察時說：「我和另一名男同事雖然同樣都是研究所畢業的，但我們的待遇並不相同，他的職等比我高一級，薪水也高我出很多。慶幸的是，我沒有因爲待遇不如人就心生不滿，仍是認眞做事。當許多人抱著多做多錯、少做少錯、不做不錯的心態時，我盡心盡力做好我手中的每一項工作。我甚至會主動找事做，了解主管有什麼需要協助的地方，事先幫主管做好準備。因爲我在上班報到的前夕，父親就告誡我三句話：『遇到一位好老闆，要忠心爲他工作；假設第一份工作就有很好的薪水，表示你的運氣很好，要感恩惜

福；萬一薪水不理想，就要懂得跟在老闆身邊學功夫。』」

「我將這三句話牢記在心裡，並始終秉持這個原則做事。即使起初位居他人之下，我也沒有計較。但一個人的努力，別人是會看在眼裡的。在後來挑選出國考察學習人員時，我是唯一一個資歷淺、職等低的辦事員。這在公司裡是極為罕見的現象。」

所以，在職場中不管做任何事，都要把自己的心態回歸到零，抱著學習的態度，將每一次都視為是一個新的開始，一次新的經驗，不要計較一時的待遇得失。一旦做好心理建設，擁有健康的心態之後，不論做任何事都能心甘情願、全力以赴，當機會來臨時才能及時把握住。千萬不要覺得食之無味，棄之可惜，結果做得心不甘情不願，到頭來，連簡單的工作也沒有做好。

一份感恩的心情基於一種深刻的認識：公司提供你一個廣闊的發展空間、施展才華的場所，你對公司為你所付出的一切，都要心存感激，並力圖回報。

回報公司對你的這些「厚愛」，只需要你做到一點：「忠誠」。

你要喜愛公司賦予你的工作，全心全意地完成公司分派給你的任務。同時注重提高效率，多替公司的發展規劃構思設想。

你必須一切從大局出發。當你遭遇到不公平待遇時，請相信這只是公司管理階層的暫時失誤，甚至是公司對你的檢測和考驗。當公司某些制度和員工基本利益衡突時，你一定要正確理解這一切，充分相信公司的「智能」和「眼光」。甚至在公司面臨暫時的經濟困難時，你也要想辦法幫助公司渡過難關。

你要學會維護公司的形象，替公司說話。當客戶有了抱怨時，你要妥善處理，爲公司贏回可能喪失的信譽、信用等等。

在你與上司相處的過程中，你要善於維護上司的權威，偶有不平或不滿，你要想辦法消除心中的芥蒂，盡可能挖掘上司的好處。這樣，上司才能更好地管理，公司才可能長足地進步和發展。

同事和你一樣是公司的一員，是公司的基本組成要素，你對同事的寬容和愛心也體現出你對公司的熱愛。何況，同事也是你最親密的夥伴，是助你成功的最堅實的力量，對於他們的點滴幫助，你要學會說「謝謝」；對於他們所遭遇的困難，你要竭力幫忙。最要重的是你要眞誠地與他們合作。

有了付出，必有回報。當你滿懷感激，忠心地爲公司工作時，公司一定在爲你設計更輝煌的前景。

只爲薪水而工作注定不會成功

道尼斯先生來到一家進出口公司工作後，晉升速度之快，讓周圍所有人都驚訝不已。一天，道尼斯先生的一位知心好友懷著強烈的好奇心詢問他這個問題。

道尼斯先生聽後聳了聳肩，用簡短的話笑答道：

「這個嘛，很簡單。當我剛開始去杜蘭特先生的公司工作時，我就發現，每天下班後，所有人都回家了，可是杜蘭特先生依然留在辦公室內工作，而且一直待到很晚。另外，我還注意到，這段時間內，杜蘭特先生經常尋找一個人幫他把公文包拿來，或是替他做重要的服務。於是，下班後，我也不回家，待在辦公室內。雖然沒有人要求我留下來，但我認爲我應該這麼做。必要時，我可爲杜蘭特先生提供任何所需要的幫助。就這樣，時間久了，杜蘭特先生就養成了呼叫我的習慣。這就是事情的經過。」

道尼斯這樣做獲得額外的報酬了嗎？當然沒有，他沒有獲得一點物質的獎賞。但是，他獲得的遠比那點金錢重要得多——那就是一個成功的機會。

所以，一個人若只是爲薪水而工作，把工作當成解決麵包問題的一種手段，沒有更高尚的動機，未免會太無價值。而事實表明，這也是非常不可取的。如此做下去，雖是終日勞苦，但是永遠得不到好的報酬，到頭來，被欺騙最厲害的，不是別人，而是你自己。

要知道，在這個世界上還有比薪水、麵包更為可貴的事情，那就是盡自己的能力，正直而純粹地做事情。

公司給了你微薄的薪水，你固然可以敷衍塞責來應付。可是你更應明白，公司給你的工作代價是金錢，你在工作中的所得，乃是珍貴的經驗、難得的訓練，更好地發展自己的技能。這一切，較之金錢的價值，高出千萬倍！

而且相信誰都清楚，在公司晉升員工的標準中，員工的能力及其所做出的努力，占有很大的比例，沒有一個管理者不願意得到一個能幹的員工。只要你是一名努力盡職的員工，總會有擢升的一日。

所以，你永遠不要驚訝某個薪水微薄的同事，忽然被晉升到重要位置。若說其中有奧妙，那就是，他們在開始做事的時候，在得到與你相同，甚至比你還少的微薄薪水的時候，從不將過多的精力用在計較薪水的多寡上，而是注意工作本身所給予的報酬，如發展的技能、寶貴的經驗，為此，他們付出了比你多一倍，甚至幾倍的努力。

正所謂「不計報酬而報酬更多」。

但大部分人，不知道位置的升遷，是建立在把自己的工作做得比別人更完美、更迅速、更正確、更專注而不計報酬上。他們始終認爲自己所得的薪水不應這樣微薄，他們抱怨不休，爲報復上司，甘願放棄比薪水更寶貴、更重要的自身能力的培養，而敷衍地工作。

殊不知，一個人的心中一旦產生這種想法，無異於親手消滅自己的創造力，淹沒自己的才能，斷絕自己的希望，使自己成爲領袖的一切特質得不到發揮。最終，只能做一個庸碌、狹隘的懦夫。

鄧普西到一家保險公司工作不久，就覺得憑自己的能力和工作態度，應該得到更高的薪水，並對此耿耿於懷。對上司交代的各項任務，不再認眞對待，而是開始心不在焉，潦草應付。上司看在眼裡，記在心裡，但並沒說什麼。僅幾個月後，一個兢兢業業、能力尚不如鄧普西的同事，轉眼間成了部門主管的「候選人」。然而一直到鄧普西離開保險公司，他仍舊拿著最初的那些薪水。

愛默生說過：「因和果，手段與目的，種子與果實，是不能分割的。因爲『果』早就醞釀在『因』中，目的存在於手段之前，果實則包含在種子中。」

假如你想成功，對於自己的工作，最起碼應該這樣想：「投入職場，我是爲了公司，更是爲了自己而工作。薪水的多與少不是我工作的終極目標，對我來說，那只是一個極微小的問題。我所看重的是，我可以因工作獲得大量知識和經驗，以及踏進成功者行列的各種機會，這才是有極大價值的報酬。」

假如你現在還沒有成功，但你覺得自己已經盡了最大的努力，而且你覺得這些努力足以讓你成功。那麼，反省一下自己，你也許會發現，自己在做事時過多地爲「報酬」勞神費力。

如果事實的確如此，趕快拋下這一想法，積極培養你「不計報酬」的美德，在它的扶助下，一件不起眼的小事，也可能會使你得到晉升機會的垂青，就像道尼斯先生那樣。

第四篇
方圓人生——播下成功的種子

日本「推銷之神」原一平在六十九歲時的一次演講會上，當有人問他推銷的祕訣時，他當場脫掉鞋襪，請提問者上台，說：「請您摸摸我的腳板。」

提問者摸了摸，十分驚訝地說：「您腳底的繭好厚呀！」

原一平說：「因為我走的路比別人多，跑得比別人勤。」

提問者略一沉思，頓然醒悟。

「熱情」是推動成功的力量

拿破崙．希爾博士說：「要想獲得這個世界上的最大獎賞，你必須擁有過去最偉大的開拓者將夢想轉化爲全部有價値的現實的獻身熱情，以此來發展和銷售自己的才能。」

熱情是一種難能可貴的特質，是攝取財富必不可少的一環。一個熱情的人，無論做什麼，如當清潔工，或者是當公司經理，都會認爲自己的工作是一項神聖的天職，並懷有濃厚的興趣。對事業傾注全部熱情的人，不論工作有多少困難，或需要多大的努力，始終會用不急不躁的態度去進行。只要有了這種態度，誰都可以達到成功的目標。

熱情有一股偉大的力量，它可使你釋放出潛意識裡的巨大能量，來補充身體的精力，並發展出一種堅強的個性。如果將熱情灌注到工作當中，那麼，你的工作將不會顯得很辛苦和枯燥。熱情會使你的整個身體充滿活力，不覺得疲倦。

有許多人並非沒有才華，他們在某一領域裡的豐富知識甚至令同事難以企及，但他們的事業卻平淡無奇；有些人不一定有非常淵博的專業知識，但由於充滿了熱

情，反而創造出了顯著的業績。

由此可見，成功的人和失敗的人在技術、能力和智慧上的差別通常並不很大，但是如果兩個人各方面都差不多，具有熱忱的人將更能得償所願。一個人能力不足，但是具有熱忱，通常必會勝過能力高強但欠缺熱忱的人。

熱情是出自內心的興奮，不但可以激發你的潛力，它所散發出來的感染力還可以令你周圍的人受到影響，他們會理解你、支持你，也變得與你一樣有熱情。一起談論合作計畫，熱情會使你們的合作更加順利。熱情能使有才能的人聚集在你身邊，爲你出謀劃策、盡心盡力。

山姆・沃爾頓是沃爾瑪商業的創始人，外界評價他是一個熱情、樂觀，具有良好品質的人。他不僅自己對工作傾注全部的熱情，還把這股熱情傳染給他的二十萬名員工。於是，沃爾瑪商業從上到下都洋溢著積極向上的精神。

當顧客走進沃爾瑪商場時，會得到親切的問候和滿意的服務。在職員問候完新到的顧客後，他通常會熱情地加上一句：「感謝您的耐心，很快將會有人過來爲您服務。」

沃爾瑪商場洋溢的這種熱情得到了回報，今天，沃爾瑪商場已在美國零售商中排名第一。山姆・沃爾頓由此得到了滾滾財富。

一個人可以什麼都沒有，但一定要有熱情，因爲對工作毫無熱忱的人只會到處碰壁。即使天分再高，也難以成功。而如果你有一顆熱忱的心，那麼它將會給你帶來奇蹟。卡通大王就是憑借瘋狂的工作熱情，讓奇蹟出現而成爲世界巨富的。

迪士尼早年希望成爲一名畫家。一天他到報社找工作，總編輯一看他的作品就說不行，說他毫無畫畫的天才，他只好垂頭喪氣地回家了。

後來，他好不容易才找到一個在教會中繪圖的工作。因爲沒有辦公室，他便在父親的車庫裡工作。

一隻小白鼠在車庫裡竄來竄去。迪士尼停下手中的工作，抓些麵包屑餵小白鼠。日復一日，小白鼠變得很親近他，甚至會爬到畫報上去。

迪士尼就這樣創造了電影巨星「米老鼠」。之後，他全心全意投入到電影的構思之中。一天，他提出了一個構想，要把一則寓言故事改編成彩色電影，那就是三隻小豬與野狼的故事。

助手們都不贊成，只好取消。但迪士尼卻一直無法忘懷，他屢次提出，卻一再地被否認掉。但他有著一種無與倫比的熱情，不斷地提出，最後大家答應姑且一試。

《米老鼠》製版用了九十天，但《三隻小豬》只用了六十天就完成了。劇場的工作人員都沒想到，該片竟受到美國人民的喜愛和一致好評。

不要羨慕他們的成功，感歎自己的不幸。我們大多數人並非沒有才能，也並非沒有可供發展的環境與空間，缺的只是昂揚的鬥志與激情。其實，如果你也能培養並發揮自己的熱情，以其來鞭策自己從渾噩中奮起做事，對事業鍥而不捨、執著追求，你的成功也將會變得輕而易舉。

擁有熱情的信念，你必須嘗試著對你所做的事產生興趣，這樣才會有熱情的信念。比如跟某人握手時要緊緊地握住對方的手，在心裡你必須對自己說：「他是我的好朋友，我喜歡他。」這種內心感受的外在表現就是熱情，別人會很容易地感受到你的積極信念。

要相信自己，只有自信才能擁有熱情。一個精神萎靡的人，對一切都已失去興趣，又怎麼能有熱情呢？你對談判對手說：「但願我們這次不要無功而返。」如果你一開始就說這種洩氣話，又怎麼能在談判中保持熱情呢？如果你自信地說：「我們一定會合作愉快。」對方也會受到你的感染，從而更容易達成協議。

用熱烈的行動增強你的熱情。它通過外在的刺激，來改變你內心的消極狀態，激發你的能量，從而表現出熱情。比如在舞廳，你靜靜地坐在角落裡，可能會無動於衷，但如果站起來加入其中，你就會自然而然地受到感染，你心中的熱情之火就被點燃了。

挑戰之心能夠創造熱情。你要向怯弱挑戰，變怯弱爲無畏；你要向不幸挑戰，變不幸爲幸運；你要向失敗挑戰，變失敗爲成功；你要向貧窮挑戰，變貧窮爲富有；你要向一切不滿意的事物挑戰，改變自己的命運，改變自己的世界。如果你有了挑戰精神，你就會感到有一股力量在促使你不斷前進，這是你永不服輸的決心激發了你的熱情。許多東西開始看起來是難以逾越的，但如果你勇敢地接受挑戰，你就會發覺它們並非想像中那麼可怕，挑戰之心會令你充滿熱情。

成功之路在於「勤」

曾有記者問李嘉誠的成功祕訣。李嘉誠講了一則故事：

日本「推銷之神」原一平在六十九歲時的一次演講會上，當有人問他推銷的祕訣時，他當場脫掉鞋襪，請提問者上台，說：「請您摸摸我的腳板。」

提問者摸了摸，十分驚訝地說：「您腳底的繭好厚呀！」

原一平說：「因為我走的路比別人多，跑得比別人勤。」

提問者略一沉思，頓然醒悟。

李嘉誠講完故事後，微笑著說：「我沒有資格讓你來摸我的腳板，但可以告訴你，我腳底的繭也很厚。」

他的意思很明顯，人生中任何一種成功的獲取，都始之於勤而且成之於勤。也就是說，勤奮是成功的根本，是基礎，也是祕訣。

個人的奮發向上和勤勞，是取得傑出成就所必需的；任何一種傑出成就都必然與好逸惡勞的懶惰品行無緣。即使一個天資一般的人，只要勤奮地工作，也能彌補自身的缺陷，使成功可望可及，最終成為一名成功者。反之，如果你自恃「聰明」，不把勤勉努力放在眼裡，長大後必然難有作為。因為每一點財富都是來之不易的，任何一項成功都不可能垂手可得。

守株待兔的人曾經不費吹灰之力得到一隻兔子，但此後他就只有兩手空空了。所以，你永遠不要指望不勞而獲的生活。

通往成功的路有很多，曲折和坎坷是擺脫不掉的，而不管多麼聰明的人，要想從中找到捷徑，都少不了一個「勤」字。俗語說：「勤奮是金。」大凡有作為的人，必定少不了勤奮。

卡內基是鋼鐵大王，但是他是由月收入四美元起家的。洛克菲勒開始工作時，每週只賺六美元，但後來卻成為企業巨頭。美國汽車鉅子福特最初一個星期才賺二塊五分美元。剛開始的時候，誰會料到他們會成功呢？後來談到成功的祕訣時，他們都異口同聲地認為，勤奮是唯一的成功之道。

勤奮不但可以補「拙」，讓你擺脫貧困，在事業上還能助你一臂之力，讓你邁向成功。其實，「勤」並不只是爲了補「拙」，即使是智者也不能離開一個「勤」字。拉小提琴入門容易，但要達到爐火純青的地步需要花費多少辛勞，進行反覆練習啊。有一個年輕人曾問卡笛尼學拉小提琴要多長時間，卡笛尼回答道：「每天十二個小時，連續堅持十二年。」

事實上，承認自己「拙」的人並不太多，大多數人都認爲自己不是天才，至少也是個有用之才！但現實生活中，眞正能一步衝天的人很少！有的人不僅衝不起來，還跌下來摔了跟頭。爲何會如此？知識不夠？能力不足？都不是。皆因爲在你的做事字典裡少了個「勤」字。

根據心理學和精神病專家的研究，態度懶散的人，最容易患上神經衰弱。這種毛病的最常見症狀就是「無病呻吟」。醫治這種毛病的最有效方法就是勤奮工作。當其他人混水摸魚而你卻在兢兢業業地工作時，它會給你塑造一個敬業的好形象；當你工作出錯時，因你是一個勤於工作的人，它能使你很容易獲得別人的諒解；勤奮還能讓你獲得上司的信任，得到升遷的機會。一旦你有了勤奮的習慣，那麼無論做什麼事，你都可能在競爭中立於不敗之地。

你可能還在一味感歎自己知識不夠或能力不足，那爲什麼不用勤奮去補救呢？只要你勤奮，知識和能力會如期而至；只要你勤奮，泥濘坎坷之路就是坦途，不毛之地也會開花結果。

勤奮不是先天生就的，它需要你在後天成長過程中，用信念和抱負自我鞭策，以養成勤勞的習慣。

在生活上，你要擺脫懶惰的惡習。要知道懶惰的人永遠不會在事業上有所建樹。早晨早點起床，走路加快一下速度。這些看似不起眼的小事都能讓你變得勤奮一些，當你想拖延時間時，就要警告自己：我要勤奮起來！

在工作中，你要不斷進取，勤學不息，以提高自己的知識水平和工作能力，同時也要向有經驗的人請教。別人休息，你在學習，別人旅行，你在學習；別人一天用八個小時工作，你則用十個小時。這種密集的、不間斷的學習效果會很顯著，如果你本身的能力已經高於基準的水平線，加上勤奮之火的燃燒，你很快就會在所處的團體中發出奪目的光芒和巨大的能量，取得成功。

惟有「毅力」才能堅持到底

有人問一位智者：「請問，怎樣才能成功呢？」

智者笑笑，遞給他一顆花生：「用力捏捏它。」

那人用力一捏，花生殼碎了，花生仁掉了出來。

「那你搓搓它」，智者說。

那人又照著做了，紅色的皮被搓掉了，只留下白白的果實。

「再用手捏它」，智者說。

那人用力捏著，沒能將它毀壞。

當然，什麼也搓不下來。

「雖然屢遭挫折，卻有一顆堅強的百折不撓的心，就能成功。」智者說。

是的，凡是成功地將願望轉變爲財富的人，都有一種百折不撓、勇於進取的毅力，這是一切成功之源。

網上網總裁段曉雷現在身價已達數億美元，但在幾年前，他卻是身無分文。他到台灣借錢四處碰壁，因爲一再借錢，朋友們都拒絕與他來往；他爲公司找辦公室時還曾被趕出大門。失意到極點時，他想靠開計程車謀生，卻倒霉得連駕照都考不上，就連他的妻子也因生活貧困，帶著子女憤然離去。

一九八六年，他毅然辭掉工作到矽谷闖天下，當時他既沒錢，又沒有關係，連想做什麼也不清楚，創業談何容易。一九九一年，他創立了U-tron，做主機板及筆記型電腦買賣，但因康柏降價不久就賠光了。

一次不成，再來一次。他看見半導體產業前景極佳，打算做視窗加速晶片，以改進視窗的效率。弄了半天，由於某些技術問題難以解決，又一次失敗了。

後來，他應朋友之邀，協助重整一家名爲Tiara的小公司。就在重整完成的時候，市場發生了重大變化，這次輸得更慘。他連生計都有問題了。事業一再失敗的同時，婚姻也亮起了紅燈。這一切都沒把段曉雷嚇倒，他仍強打精神努力著。

一九九六年，他以四十萬美元的資金創立了網上網。事業開始有些起色，但也並非一帆風順，最慘的一次是因爲付不出五萬美元的電話費，差點被剪線，但最終他仍挺了過來。

一九九八年，網上網漸入佳境，股票也順利上市，到一九九九年十一月，網上網市價已達五十七多億美元。段曉雷終於成功了！

可見，做一件事情，當「天資」失敗，「機智」隱退，「才能」也說不可能，因此要放棄工作的時候，「毅力」若來臨，便能幫助你得勝成功。

再看一下這類人，他們赤手空拳起家，建立了無與倫比的工業王國。他們開始除了毅力什麼也沒有，如愛迪生，只受過不到三個月的教育，便成了世界上首屈一指的發明家，他將毅力轉化成留聲機、電影放映機等各種東西。

毅力是實現目標不可缺少的條件。恆心與追求結合之後，便形成百折不撓的巨大力量。因此，一個凡事堅持到底有毅力的人，世界必將爲他打開出路。而那些沒有毅力的猶豫沮喪者，不會引起別人的敬仰，也不會得到別人的信賴，更不能成就什麼大事。

「鍥而不捨，金石可鏤。」這是戰國時期著名學者荀子勸告人們學習或做事要持之以恆時講的一個比喻。意思是說，不停地用刀子刻下去，即使是堅硬的金石也會被刻穿。有毅力這不僅是希望學有所成的人必須具有的精神，也是做一切事情所需有的科學態度。生物學家達爾文曾說過：「我所完成的任何科學工作，都是通過長期的考慮、忍耐和勤奮得來的。」

世界上沒有任何東西能夠代替毅力。才幹不能，有才幹的失敗者多如過江之鯽；天才不能，「天才無報償」已成爲一句俗語；教育不能，現代社會幾乎到處充斥著被遺棄的教養之士。惟有毅力才能征服一切。凡是具有堅毅精神的人，似乎都享有不會失敗的保險；凡是經得起考驗的人，都會因爲他的毅力而獲得豐厚的報酬。

范妮．赫斯特奮鬥的故事，說明了毅力對人成功的重要作用。赫斯特小姐於一九一五年來到紐約，想依靠寫作來積累財富。但這過程很漫長，整整耗費了她四年時間。在這四年裡，赫斯特摸熟了紐約的人行道，她白天打工，晚上耕耘希望。在希望黯淡時，她沒有說：「好啊，百老匯，你勝利了。」而是說：「好的，百老匯你可以擊敗某些人，但卻不能擊敗我，我會使你認輸的。」

在她的第一篇稿子發表前，她曾收到過三十六張退稿單。普通的人在接到第一張退稿單時，便會放棄寫作了。而她卻堅持了四年之久，下定決心要獲得成功。

終於，她通過了困難與時間的考驗。從此以後，出版商紛紛登門求稿。錢來得太快，她幾乎來不及數，接著電影界也發現了她，從此，輝煌的成就猶如洪水滾滾而來。

可惜的是，只有少數人能從經驗中得知堅忍不拔精神的正確性。他們承認失敗只是一時的，依靠不衰的願望而使失敗轉化爲勝利。站在人生的軌道上，相信你會目擊絕大多數的人，在失敗中倒下去，永遠不能再爬起來。對此，你只能感歎地總結說，一個人沒有毅力，那他在任何一行中都不會得到成就。

因此，你在一步步前進的時候，千萬別對自己說「不」，因爲「不」也許導致你決心的動搖，放棄你的目標，使你像大多數人那樣，半途而廢，前功盡棄。

如果你想積累財富，做自己命運的主宰，不被眼前的困難嚇倒，不半途而廢，那麼，趕快培養你百折不撓的毅力吧。有了它，成功才會由遠及近，降臨到你的面前。

所有的成就都是以願望爲出發點的，因此，要加大自己願望的強度。微弱的願望產生微弱的成果，正如微火只能烘暖你的手一樣。如果你發現自己缺乏堅毅的精神，那麼補救這個缺點的方法就是在你願望的下面燃起熊熊大火。

知道自己的希望是什麼，是培養毅力的重要一步。有堅定而明確的目標，可以促使你克服許多困難，而有明確的計畫則可激發你的毅力，即使這些計畫是有缺陷的、不完善的。當然，在這個前提下，你要確實地落實計畫。

此外，你還要學會自我鼓勵。在向目標挺進時，若遇到困難，千萬別被別人嘲弄、諷刺的話語所嚇倒。摀起你的耳朵，別去理睬他們。你要深信自己有能力實現你的目標，並激勵自己克服目標實現中的任何困難。

在你前進的途中遇到麻煩或阻礙時，你要及時去面對它、解決它，然後再繼續前進，這樣問題才不會越積越多。同時當你解決了一個問題，其他一個個問題有時也就自動消失了。

如果你照以上方法做，很快你就會發現自己有了很大的轉變，拼勁增強了，自信心也提高了，你會感到一種前所未有的快活。你的工作也比過去做得更多更好。

不要迴避未知事物

不知你是否看過這樣的一則故事：有一個年輕人，走到一個岔路口，一條是安全穩妥的道路，另一條則是通向無人涉足的未知之路。這時，上帝降臨，對年輕人說：「孩子，好好選擇一條路吧。路上的一切，將是你今後人生的全部內容。」

聽罷，年輕人便用弗羅斯特《沒有選擇的那條路》中的詩句，回答了上帝：

「林間的小路岔爲兩條小徑，

我選擇了幾乎無人涉足的那一條。

這個選擇是個多麼重要的決定！」

讀到這兒，相信你一定會笑這個年輕人愚蠢。

這不難理解。因爲，你與許許多多人一樣，也是位謹小愼微的「安全專家」總是在迴避未知事物。

你總認爲，改變現狀不如苟且偷安，因爲改變將帶來許多不穩定的未知因素，而未知與危險是等同、密切相聯的。

在你看來，生活的眞正目的，不過是保持熟悉的一切，能夠知道自己在往哪裡去，達到目的之後會有什麼結果。只有那些「莽撞之輩」才會冒險，去探索生活的未知方面，而且當他們探索之後，結果往往大吃一驚，深感失望，甚至張皇失措。

所以，你嘲笑、譏諷「莽撞者」，打從心底裡覺得他們傻，覺得還是選擇避免未知來得聰明。這樣，你將永不會像「莽撞者」那樣，落得個可悲可憐而又可笑的下場。

有很多時候，你儘管早已厭煩這些已知的肯定事物，不再願意在每天到來之前便知道它是什麼樣的，但你依然固守著同樣的方式，反覆進行同樣的活動，直到你進棺材爲止。原因就是，迴避未知也有其「値得留戀的好處」。

比如，循規蹈矩地生活，雖單調而死板，但它帶給你的是穩妥的一生；而固守熟悉的事物，你不必擔驚受怕，儘管這樣會大大有礙於你的個人發展與成就，但跟在人家的後面走路，總是保險的。總之，這種安全感，給了你固守「懼怕未知」的行爲的強大心理支撐力。

其實，你苦苦追尋的這種所謂的安全感，是非常荒謬的，沒有絲毫價値。

安全感意味著你已知將要發生的事情；意味著沒有激情、沒有風險、沒有異議；意味著沒有發展，而不發展則意味著死亡。

實際情況是只要你生活在地球上，只要社會不改變，你就永遠不會得到安全。眞正的安全感是爲死屍準備的。

退一步講，即使這種迴避未知的安全感不是荒謬的觀點，也是一種可怕的生活方式。肯定的已知因素，會排除你生活中的興奮感，吞噬掉你體內的所有自信和勇氣，因而也就排除了你發展、成功的所有可能。

也許你一直認為自己非常脆弱，經不起摔打，如果涉足於完全陌生的領域，會撞得頭破血流，這是非常錯誤的觀點。當你身處逆境時，你可以依靠自己戰勝困難；當你遇到陌生事物、身處陌生環境時，你不會經不起考驗，更不會一蹶不振。

相反，如果消除一些單調的常規因素，你倒會少出現些「精神崩潰」。厭倦生活會削弱意志，並產生不健康的心理。一旦失去了對生活的興趣，你就可能在精神上垮掉。然而，如果在生活中增添未知因素作為調味劑，你就不會「精神崩潰」。

想想那些被稱為「天才」的人，那些在生活中頗有作為的人，再試著分析一下他們的成功之道，你會發現，他們其實和你一樣，都是普通的人，唯一的區別只不過是他們從不迴避未知。敢於走他人不敢走的路；敢於從事那些你一向認為力所不能及的活動。而這種探索未知的勇氣，也正是他們的偉大之處，是他們成功的要訣。

阿爾伯特·愛因斯坦是一個畢生探索未知世界的人。他在《我的信仰》一文中寫道：「我們所能經歷的最美的事物便是神祕的未知，它是所有藝術和科學的眞正源泉。」

簡而言之，神祕的未知是激情的源泉，未知之中孕育著發展——社會的發展及個人的發展。

假設以前偉大的發明家、探險家、先驅者都像你一樣懼怕未知、逃避未知，那會出現什麼情況呢？整個人類可能依舊居住在底格里斯河和幼發拉底河流域。

如果你至今仍持有「迴避未知，以求安全」的觀點，那麼，現在就應當奮力擺脫其束縛。也許你現在已經意識到，「懼怕未知」讓自己失去了許多不該失去的東西，想試圖作出改變，欲用令人振奮的嶄新活動來取代懼怕未知，但是，你卻不知從何開始。不要著急，你只需走好下面這三步就可以了，它將有助於消除你迄今爲止養成的消極生活方式——懼怕未知，轉而使你的生活充滿歡樂和自信。

第一步，重新審視你的迴避行爲；

第二步，對自己以往的行爲嚴肅地提出質疑；

第三步，以積極的心態向新的方向發展。充分相信自己，有能力進行任何活動。

比如，在改變中，每當你發現自己爲保險起見，想迴避未知事物時，可馬上自我警示，在內心裡進行一場自我對抗，問問自己：「如果我眞的接觸了這些未知事件，最糟糕的結果會是什麼樣？」

仔細一想，就會發現，未知其實並沒什麼大不了的。你之所以一直在逃避，是

因爲你對未知的恐懼，往往大於探索未知而產生的實際後果。

而且，對未知領域探索的時間越長，你就越會感受到，曾有的那些恐懼感和偏見，原來是多麼荒謬可笑，而它卻讓你失去了那麼多成功的機會。

一旦認識到這些之後，未知必將成爲你不斷探索的領域，而不再是你所懼怕、迴避的某種怪物。

「勇氣」比運氣更重要

在一個古老部落裡，有一個年輕人決定走出山林，闖蕩天下。臨行前，他來到酋長的帳篷中，請求酋長賜予他勇氣和祝福。酋長只淡淡地對他說了三個字：不要怕。

年輕人上路了。幾十年後，滿面滄桑的「年輕人」回到了部落。這時，給予他祝福的酋長已經死去。有人把酋長臨死前留下的字條放到「年輕人」手中。他打開字條一看，上面赫然寫著三個字：不要悔。

任何人開始某項嘗試的時候，實際上他就已經開始冒某種程度的危險了。因爲世界上沒有萬無一失的成功之路，在你追尋成功的過程中，各種要素往往變幻莫測，難以捉摸。而任何微小的差池都會使你的成果大打折扣。所以要想在事業上取得成功，非得有勇氣不可。

因爲成功喜歡光臨勇敢的人。在我們身邊，許多相當成功的人，並不一定是因爲他比你「會」做，更重要的是他有勇氣，比你「敢」做。

中國超級富豪李曉華，就是一位勇敢的企業家。

那時候，馬來西亞政府向各國公開招標，準備修建一條高速公路。當時，馬來西亞政府開出的條件非常優惠，但是因爲這段公路不長，而且當時車流量不大，所以參與招標者廖廖可數。

但李曉華卻預感到自己賺大錢的機會來了。他馬上前往馬來西亞考察，得知了一個重要的不爲人知的消息：在離公路不遠的地方有一個儲藏非常豐富的油田。這個消息尚未正式對外公布。這讓他興奮得幾乎要跳起來。他意識到，這個油田一旦正式開採，這條公路上的車流量必然大增，地皮價格也會大增。

經過深思熟慮之後，他當機立斷，拿出了自己多年來的全部積蓄，又從銀行貸了一筆巨款，籌集到三千萬美元，一舉拿下了這個項目。

當時，貸款條件相當苛刻，而且貸款期限只有半年，期限一到，必須歸還本息。如果半年之內這個工程項目無法如期上馬，後果將不堪設想。而此時的李曉華已經傾盡所有，毫無退路了。

這需要多大的勇氣啊！就連他的親友都極力反對他做這個項目，但李曉華卻絲毫不爲所動。

等待的日子開始了。毫無退路的李曉華開始過上了十分清貧的艱苦生活。物質上的匱乏和精神上的煎熬，幾乎要使他垮掉了。熬了五個月，油田開採的消息仍然沒有公布，但他仍信心十足，毫不退縮。

終於，在五個月零六天，關於油田開採的消息終於公布了。當天李曉華標中的那段公路的標價就翻了一倍，之後的幾天，標價一路看漲！李曉華的勇氣得到了極大的回報。

世界上恐怕極少有人有勇氣心甘情願地去主動承擔風險。更多的人都太過聰明，對時機後面的不測因素和風險看得一清二楚，沒有勇氣去冒這個險。因爲風險常常是導致失敗的導火線，它可能會使一個人的事業前功盡棄，甚至傾家蕩產。結果聰明反被聰明誤，這些人永遠只有保持「餬口」狀態而已。其實，如果能從風險的轉化和準備上進行謀劃，風險也就不可怕。而且，風險越大，成功的機會可能就越大。

商界沒有萬無一失的致富門路，你如果沒有動手去做的勇氣，雖然不會失敗，但也絕對不會成功。所以，「一旦看準，就大膽行動」已成爲許多商界成功人士的經驗之談。勇氣可以戰勝一個人對失敗的憂慮感，讓人信心百倍，敢於一搏，這樣，成功的機率必然增大。

要想成爲一個成功者，就必須具備「拚著失敗也要試試看」的勇氣和膽量，如果沒有它，你只有爲失去的機會而扼腕歎息。

需要注意的是，勇於冒險不是賭博，不等於碰運氣。碰運氣是一種聽天由命的懶惰與無奈，是眞正將自己置身於風險中。眞正的勇氣則是積極主動的進取，是一種魄力，而非不管結果如何，先做再說。

怕樹葉掉下來砸破腦袋的人做不成事，而明明下著冰雹卻還要出外閒逛的人也會被砸得鼻青臉腫。所以，精明的人在創富時，不避風險，卻絕對不蠻幹，他們有自己的風險法規，他們會計算出風險的係數有多大，然後作好應付風險的準備，他們大多數情況下可以有較大勝算。

同樣一件事，因爲存在一定的風險，甲經過細算，認爲有60％的把握，便搶占時機先下手爲強，因而取勝。乙在謀劃時，總是要等到必須有90％甚至100％的把握，才敢下手，結果錯失良機。而丙連粗略的估算都沒做，腦袋瓜一熱便殺將過去，成功的機率連10％都不到。

由此可見，眞正的勇氣不是頭腦發熱的產物，而是謹愼的人進行的大膽嘗試。

他們冒的是經過理性分析後的危險，用的是一種挑戰的精神，所以才抓住了稍縱即逝的機會。而如果沒有「蠻幹」的勇氣，那他們是不會成功的。

一個沒有勇氣的人是可悲的，他會害怕眞正地面對生活，害怕挺身而出承擔責任，害怕冒一丁點的風險，他會把自己關在怯懦的心理牢籠之中，在有利可圖時，站在一旁不動，從而一步步走向失敗的深淵。

美國一家公司的哈利先生就因爲自己的怯懦而一生感到悲傷。有一次，公司要他到美國南部去掌管分公司，但因爲他自己沒有勇氣承擔職責而拒絕了，很多次這樣絕好的機會，他都是找一些藉口把它們錯過了，最終一事無成。

可憐的哈利先生不知道，有勇氣冒風險、敢於承擔責任的人，即使失敗了也是不受譴責的，眞正需要譴責的是那些像他本人那樣，沒有勇氣做事，只知感歎命運多舛的人。

消除你的膽怯心理，讓自己充滿勇氣吧！

你要使自己有渴望成功的原動力，強烈的成功欲望會抵消你的膽怯心理，讓你成爲一個不滿足於現狀、不斷進取的人。這樣你就不會爲自己想做的事而思前想後，顧慮重重。

你還要學著充實自己的知識，粉碎自我的小天地。如果你把自己關在自己的小世界裡自我欣賞，這必然會產生畏首畏尾的思想。但只要走出去，加強與外部世界

的聯繫，你就會找到自己的勇氣。通過學習，吸收利用更多的知識豐富自己，你才能做到「藝高人膽大」，擁有破舊求新的勇氣。

茫茫世界風雲變幻，漫漫人生沉浮不定，未來的風景卻隱藏在迷霧中，向目標前進的途中，有坎坷的路，也有泥濘的沼澤，而勇氣則會給你有力的臂膀，讓你披荊斬棘，衝破迷霧，走向成功。

「遠離藉口症」才能發揮潛能

藉口，是阻礙成功的殺手，是一個人獲取成功的致命傷。

如果你仔細觀察，就會發現，生活中不成功的人都染有一種奇怪的病症——「藉口症」。而且，每個失敗者的「藉口症」病情都相當嚴重。他們往往不假思索，就能編出一籮筐的藉口，為自己的不成功做辯解。另外，大部分的「普通人」也都或多或少有那麼一點「藉口症」的症狀。

倘若你審視成功者的成功歷程，相信你會發現：所有平庸者所用的藉口，成功者都可以用，但是他們都沒有用。

相信你從來沒有看到或聽到任何成功的商人、業務員或其他行業的成功人士，喋喋不休地把那些堂而皇之的「藉口」，羅列在自己的「大業」之上。比如羅斯福可以用「下肢癱瘓」、杜魯門可以用「沒有大學文憑」作爲藉口，甘迺迪可以說「我太年輕不能當總統」……

多麼好的藉口呀！他們爲什麼不用呢？因爲，他們深知「藉口症」的危害。一個人一旦患上「藉口症」，就會感覺自己的失敗是理所當然的，很難再有捲土重來的勇氣和信心。

「藉口症」一如其他的疾病，若不能及時、妥善的治療，病情就會惡化。藉口症的病情通常有一定的發展規律：「我做的沒有預期的好，我要找什麼樣的藉口來挽回面子呢？讓我想一想，身體不好？沒受過什麼正規教育？年齡太大或太年輕？運氣欠佳？家庭影響？……」

一旦你從中找到一個好藉口，使你的失敗說得過去，你就抓住不放，然後把自己沒能更上一層樓的全部責任，盡數推到「藉口」身上。

這也是「藉口症」對一個拚搏者最大的危害，它是人們心目中一條無限寬廣的「後退之路」！有了這條退路，你也就很難全力去拚搏、努力了。

每次你想到去找藉口，藉口就會在無形之中嵌入你的潛意識中。

你在尋找藉口的最初，也許會因良心尚存，還知道自己的這些藉口，多少含有「自欺」與「欺人」的成分。可是，重複的次數多了，你的良心也就變得麻木不仁，你也就愈相信藉口所說的原因，就是自己不能成功的眞正原因。

多麼可怕的藉口！多麼可憐的想法！

喬克患有輕微的糖尿病，怕受涼，他總把自己裹得跟粽子似的；怕被傳染感冒，別人稍微抽一下鼻子，他就躲得遠遠的；怕操勞過度，不到四十歲的他，幾乎什麼都不做。大部分的時間精力，他都花在擔心有什麼事會發生上。看著身邊的人都取得出色的成績，他總是把「身體不好」當作自己不能成事、不敢負責、無法賺錢、沒有成功的藉口。

難道一個人一旦「身體不好」就不可能成功？當然不是，只要不把它當作失敗的「藉口」就可以了。所以，喬克的問題不在糠尿病，而是健康藉口症，「健康藉口症」使喬克成了個廢物。

一位高爾夫好手在車禍中不幸斷了一隻手，然而僅一年的時間，他又成爲高爾夫球場上的佼佼者。

他說：「我的成功經驗是，一隻手而有正確觀念的人，絕對勝過兩隻手卻存有錯誤觀念的人。」

多麼精闢、準確的論述！

如果你正企圖以「健康不佳」爲藉口，停滯不前，趁早打消這個念頭吧。多想一想這位高爾夫好手的話，它不但適用於高爾夫球場，也適用於我們生活的各個方面。

預防健康藉口症，主要有三種原則：

一、拒談你的健康

談論欠佳的身體就好比在野草上施肥。會成功的人都不輕易提他們的健康問題，談論它你只會贏得他人的同情，但決得不到他人的尊敬與忠誠。

二、不必太擔心你的健康

三、為擁有健康而心存感激

不要抱怨「不舒服」，應爲現在擁有的健康而感欣慰。

與「健康藉口症」相似的是，生活中有95%的人或多或少患有「才智藉口症」，認為「成功需要才智」，而自己卻才智不足。為此，他們常會自貶身價，把自己錯失良機，歸因於「需要才智，而我卻不夠聰明」。這實在是大錯特錯。

一個人的天賦才能雖然無法改變，但可以改變應用才智的態度。

也許，你常聽人說知識就是力量，其實這只說對了一半。知識是一種潛在力量，惟有在應用得當時，才能發揮它的巨大力量。

而才智藉口症的癥結所在，就是對知識認識不清。不知道對於成功而言，自己有多聰明並不重要。才智的運用遠比他擁有的才智更重要。否則只會讓自己的「才智」扯自己的後腿。

羅伊斯有個相識多年的天才朋友，他的聰明才智是大家公認的，可是他雖然天資好，卻是羅伊斯見過的最不得志的人。

這位「聰明人」怕負責任，工作平平；他怕賠錢，從沒有投資房地產或其他的事業。這個人把他所有的聰明才智，全花在臆想事情不會成功上，而不是用來探尋成功之路。

由於他的消極思想，羅伊斯這個「天才」朋友的妻子和三個孩子，一直處於貧窮的狀態中。所有認識這個「天才」的人都對羅伊斯說：「如果你的朋友肯改變態度，正確運用他的才智，哪怕一點點，他也一定卓然有成，收入至少會是現在的五十倍。」

所以，成功路上，你與其一直擔心自己智商不夠，不如善用已有的才智。

對於「才智藉口症」有三種簡易療法：

（1）不要低估也不要高估他人的才智，不要自貶身價

（2）提醒自己「我的態度比我的才智重要」，凡事盡量往好的方面想

（3）用腦去想，找出更好的做事方法。記住：思考力比記憶力更珍貴

你也許還聽過很多不得志的人，以「年齡」為藉口替自己的不出色辯解：「沒有啦，我的年齡不合適。由於年齡的緣故，我是力不從心。」於是，機會面前，連試都沒有試，寧願坐失良機。

事實上，除非你認為它是。否則，年齡絕不會成為你事業發展的障礙。

可惜的是，只有少數人意識到這一點，沒有患上「年齡藉口症」，認為自己「正當年華」、「年齡正好」。

一天，瑞德憂愁滿面地對他的朋友說：「我有了麻煩，我們公司派我擔任行銷經理，讓我管理推銷員。」

朋友說：「那太好了，恭喜你，你有什麼好煩惱的？」

他接著說：「可是我管的八個人都比我大七至二十歲，我擔心我不能勝任，我想推掉。」

朋友開導他說：「千萬不要推掉。你們總經理顯然認為你夠資格，才派給你這

個職位，記住三點，保證你一切順利。第一，不要去管年齡。在家裡，一個男孩只要證明他能做事，便成爲一個男人，這和他年齡大小沒什麼關係。你也是一樣，只要你能把行銷經理的工作做好，你自然也就夠資格做那份工作。第二，不要矜持而驕傲，尊敬你的推銷員，徵求他們的意見，讓他們感覺是在爲大家做事，而不是在侍候獨裁者。如此一來，大多數人自然會聽你的，而不會和你唱反調。第三，習慣年紀大的人爲你做事。習慣做年輕的主管，有助於你將來的發展。」

朋友的一番話使瑞德茅塞頓開。現在，瑞德的表現相當出色，目前正計畫自己開公司。

與「健康藉口症」、「才智藉口症」一樣，「年齡藉口症」也是可以治好的。有一種良藥，不但可以治療「年齡藉口症」，也可以預防這種病，這一良藥就是「永遠保持樂觀的心態，不理它」。這也是成功者的想法。

「不過我的情況不一樣，我的運氣實在太差了。」

幾乎每天，人們都聽見你抱怨自己「運氣不好」，同時批評別人的成功是「走運」。不需多言，你已經不折不扣地患上了「運氣藉口症」。

一位機械工具製造公司的行銷主管，在談到運氣藉口症的嚴重性時，很興奮地談到他的經驗。

「我從來沒有聽說過這種病，」他說，「不過行銷主管所遇到的最棘手的問題之一也是這項。昨天，我在公司就碰到這麼一個例子。」

「下午四點左右，推銷員約翰帶著一張一萬兩千元美元的訂單走進來。正巧一個業績甚差的推銷員也在場，聽見約翰帶來的好消息，酸溜溜地恭喜說：『老兄，你又走運了。』」

「其實誰都明白，約翰的佳績和運氣絲毫扯不上關係。約翰已花了好幾個月的時間，去遊說那個客戶，他反覆地和對方商談，想出適合他們的產品，拜託工程師預先畫出草圖。所以，約翰不是運氣好，而是計畫周詳與耐心工作給他帶來的好運。」

聽到這裡，如果你再打算把「運氣不好」當作藉口，爲自己的失敗尋求解脫，那你未免太固執了。

克服運氣藉口症有兩種很好的方法：

一、接受「有因必有果」的觀念

別人所謂的「好運」，其實是準備、計畫、必勝的心理所產生的結果。而你所謂的「壞運」，則是你「運氣藉口症」種下的惡果。

二、不要妄想不勞而獲，靠運氣決不會成功

「天下沒有白吃的午餐」，運氣不可能替你帶來升遷、金錢、勝利等，只有堅守並實現致勝原則，才是你邁向成功之路的正途。

至此，相信你早已看出，一個人成功與否，與他們是否患有「藉口症」有著極密切的關係。要想成功，必須遠離導致你失敗的疾病，像所有成功的人士那樣，不要給自己找任何「藉口」，「藉口」永遠是失敗者不負責任的推諉之詞，而眾多成功的事實也早已證明，任何時候，你都沒有理由不成功。

沮喪時「不可輕易放棄」

人在希望斷絕、精神沮喪的時候，往往會智力下降，喪失自己原有的意志。失卻再度努力的勇氣，如同井底之蛙，做出一些愚蠢的錯誤決定。在不該言敗的時候，輕言失敗，甘願放棄許多不該放棄的東西，如事業、愛情、友誼……甚至還有

生命。

有個年輕的女孩子，自幼生長在一個富裕的家庭中。一天家庭突遭劇變：父親死亡，家中財產也在一夕之間全都化爲泡沫。女孩不得不投入職場，爲她自己和年邁的老母親解決麵包問題。

女孩在紐約城裡的一個公司裡，謀得一個速記員的職位。但由於經濟拮据，一向嬌生慣養的女孩，不得不穿著襤褸的衣服上班。面對商行裡那些穿著入時的女同事，再看看自己那補綴過的手套、鞋子和破舊的衣服，女孩痛苦極了，心情沮喪到極點。

她感覺自己就像商行裡的「醜小鴨」，有時甚至會禁不住爲自己的悲慘遭遇哭起來。女孩非常痛苦，每天過著地獄般的生活。一天，一位男同事譏笑她「窮酸」。爲此，她沮喪至極，當天下午就買了一瓶石炭酸一飲而盡，在痛苦中結束了自己年輕的生命。

其實不難看出，這個纖弱的女孩所面對的這些困難和挫折都只是暫時的。只要她能夠重振精神，變得意志堅強些，稍稍努力些，一定會很快看見不遠處的那道新生活的曙光。

當一個人的身體或心靈受到痛苦的折磨，特別沮喪的時候，便常常會變得意志不堅定，成爲沮喪情感的奴隸，一切行動，都會被沮喪情感所左右。在這時候，你將很難有精闢、正確的見解，更不會有正確的判斷。

所以，在悲觀沮喪的時候，你千萬不要做出任何一件有關轉變自己一生的決定。否則，你的決定極有可能貽誤你終生。

生活中，常聽一些人後悔地說：「倘若能讓我從頭再來，雖然遇有挫折，仍舊照著我的志向努力去做，也許早已成就一番事業了。千不該萬不該，我不該聽從情緒沮喪時意識的支配。」

然而，偏偏有那麼一些人，執迷不悟，在奮鬥途中稍受挫折，便沮喪不堪，隨意中止自己的努力，放棄自己的追求，去做完全不合自己天性的事業，到了後來，因沒有興趣，欠缺應有的熱情和天資，很難有所成就。

其實，很多時候，只要你稍稍整理一下自己的沮喪情緒，讓自己平靜一點、冷靜一點，理智就會重占上風。你就會發現，自己最初的那個選擇是多麼的幼稚。

莫里斯是一個非常聰明的孩子，他自幼的夢想便是做一名大律師。長大後，幾經奮鬥，莫里斯如願以償，進了法學院，專攻法律。

但是，有一天，莫里斯偶然看到了著名法律學家伯萊斯敦和甘德等人的相關文章，便自慚形穢，信心全無，痛苦失望之餘，備感沮喪，覺得自己不配當律師。於是，他決定立刻中止法律研究，退學回家，另謀生路。

前往校長室的路上，冷風拂面，莫里斯沮喪灰暗的心情漸漸被吹散，同時喚回

了他遠去的理智。他再三詢問自己：「我的決定眞的是正確的嗎？」

經過愼重的考慮，莫里斯大夢初醒。找回了自信，重新回到教室。後來，最終實現了自己的夢想，成爲一名大律師。

所以，不論有多少沮喪的事情，你都應該學會控制自己的感情，不要太鑽牛角尖，盡量改換環境，做一個能克服沮喪情緒的主人，讓自己早日從憂鬱沮喪中走出來。

這樣，你思想上沮喪的陰影亦將遠去，隨之而來的則是健全的思想、理智的判斷，愉快的心情，伴你走向成功。

不要甘於貧窮

在大多數人看來，「貧窮」是一個難以治癒的頑疾，是人世間一切卑賤的生活思想和犯罪作惡的源泉。

很多人一旦陷入貧窮，便會認爲目前的貧困處境已經決定了自己的命運。便視貧困為正常的狀態，而甘願貧困。於是開始向貧困的環境屈服，開始詛咒這個世界，讓自己沉浸在可憐之中，覺得自己已別無選擇。

其實不然。人生在世，最要緊的不是你所處的位置，而是你努力的方向。何時、何地以何種方式開始你的一生，這是無法選擇的。但是雖一生下來就處於一種身不由己的客觀環境中，隨著年齡的增長，通過你主觀的努力，你的選擇也會越來越多，你的貧窮境況也會逐漸改善。

然而如果你把貧困歸結為自己的命運，那麼，貧困便會真的困厄你的人生。所以，千萬別掉進窮苦的陷阱裡，讓窮苦牽絆住你前進的步伐。

許多事實證明：最窮苦的人也有位於頂峰的時候。只要人們勇敢地堅持去努力，就會獲得成功。那不受歡迎的貧困境遇，就會消失無蹤。

因此，無論你目前的生活多麼貧困，地位多麼卑微，也不要讓它剝奪了你獲取成功的信心和權利。看看那些從貧困中崛起的成功人士吧。他們無論多麼貧窮不幸，都輕視命運，自信只要努力奮鬥，好的日子就在後面。

事實也的確如此。

幼時的林肯，住在一所粗陋的茅舍裡，茅舍位於曠野之中，距離學校非常遠。沒有報紙書籍可以閱讀，更缺乏生活上的一些必需品，他一天要跑十幾公里路，到簡陋不堪的學校裡去上課，為了自己的進修，要奔跑上百公里路，去借幾冊書，晚上則靠燃燒的木柴發出的光來閱讀。後來，只受過一年正規學校教育的林肯，透過自己堅忍不拔的信心和努力，擺脫貧困，並一躍成爲美國最偉大的總統之一。

可見，對於有自信和勇敢的人來說，貧窮不但不能扼住命運的咽喉，還會成爲人們努力奮鬥、走出貧困的最有利的出發點。

正如一位哲學家所言：赤貧時產生的雄心，比其他來得切實而有力。貧窮能激發人們潛在的力量。沒有貧窮刺激，這股力量也許永遠不會爆發出來。試想，林肯如果生長在一個富裕的家庭裡，進過大學，也許，他永遠不會成爲總統。只因他和貧困對抗著，潛力爆發出來，才使他成長爲一代偉人。

所以，假如你的生活是從窮苦中起步的，千萬不要怨天尤人，甘願做窮苦的奴隸，不要讓自己的一切行動爲窮苦制約，更不要妒嫉那些有錢有勢、不需自謀生計的人們，只要你具有強大的自信和勇氣，你就會獲得超過金錢千百倍的力量，走出窮苦的牢籠，立身社會。

不輕視自己的工作

工作是創造事業的要素，是發展人格的工具。

在某種程度上，了解一個人對工作的態度，也就相當於了解了那個人。一個人工作的成就，同時相應體現了一個人的內在價值。換角度而言，人在忙於工作的時候，一切痛苦都會被忘懷，一切罪惡的引誘也無法侵入。

有人曾這樣比喻：一個人的終身職業，就是他的雕像，是美麗還是醜惡，可愛還是可憎，都是由他一手所創造的。

一個不重視自己工作的人，絕對不可能尊敬自己；一個不認眞對待工作，視工作爲低下、卑賤及粗劣代名詞的人，他的工作一定做不好。在其一生中，絕對不會有眞正的成功。

奎爾是一家汽車修理廠的修理工，從工作的第一天起，他就開始喋喋不休地抱怨，「修理這工作太髒了，瞧瞧我身上弄的」，「眞累呀，我討厭死這份工作了」……每天，奎爾都是在抱怨和不滿的情緒中度過。他認爲自己在受煎熬，在像奴隸一樣賣苦力。因此，奎爾每時每刻都窺視著師傅的眼神與行動，稍有空隙，他便隨便應付手中的工作。

轉眼幾年過去了，當時與奎爾一同進廠的三個工友，各自憑著精湛的手藝，或另謀高就，或被公司送進大學進修了，獨有奎爾，仍舊在抱怨聲中做他的修理工。

所以，無論何時何地，你千萬不可不尊重自己的工作，把自己的工作視爲衣食住行的供給者，視爲不能避免的勞碌，視若苦工，敷衍了事，憎厭至極。

要知道，這些錯誤而又可怕的想法，是摧毀理想、阻礙前進的仇敵。它會壓抑你智慧的火花，讓你內在的潛力很難得到發揮，更會使你白白喪失成功的機會。

有些人之所以未能成功，就是因爲他們的大腦裡裝滿了這些想法，對自己的工作播下「冷漠」的種子，吝於在工作上使出全力，只想隨便應付了事，倘若你也持有這種想法，那麼無論你從事多麼高尚的工作，充其量你也只不過是一個平庸的工匠罷了。

要想去除這一種想法，走向成功之途，首要的條件，就是要正確地看待你手中的每一項工作。必須懂得，工作是人生的一部分，並無高低之分。

在社會中，並沒有可藐視的工作。如果你輕視你的工作，那麼，人們也必然會因此而輕視你的德行及你的工作。這一不良引導，足以影響你的生活品質。

假如你現在正處於類似奎爾的尷尬境地，你最好在每天開始工作時，這樣對自己說：「我願意做這份工作，我願竭盡我的力量把工作做好。」

因爲，事實證明，惟有眞誠、樂觀和熱情才能引導一個人走向成功。具備了這三種特質，你也就得到了以全力來做好工作並免除工作辛苦的祕訣。

也許，有許多人面對手中平凡乏味的工作，會這樣自問：「即使我把它做好了，又有什麼用呢？」殊不知，許許多多的機會就蘊藏在極平凡的職位中。

這時，只要你對工作注入十萬分的熱情和認眞的態度，你便會輕而易舉地從舊事中找出新的方法來，便能引起別人的注意，爲自己尋找到發揮本領的機會。

馬克道厄爾是美國阿穆耳肥料工廠的速記員，他的上司是一個非常懶惰的人，總是把事情推給下屬去做。而馬克道厄爾周圍的同事，久而久之也開始學會偷懶、應付差事的毛病。他們總是把上司安排的工作推到馬克道厄爾的身上。

對此，馬克道厄爾沒有一句怨言。他認眞地做好每件事，並從中感覺到眞正的快樂。

一天，上司請馬克道厄爾替自己編一本阿穆耳先生前往歐洲用的密碼電報書。馬克道厄爾不像其他同事那樣，隨意簡單地編幾張紙，而是編成一本小小的書，用打字機很清楚地打出來，然後用膠裝訂好。做好之後，上司便交給阿穆耳先生。

「這大概不是你做的吧？」阿穆耳先生問。

「不……是……」上司顫慄地回答。

「把這位職員叫到我辦公室來。」阿穆耳先生沉默了許久說。

過了幾天之後，馬克道厄爾便代替了頂頭上司的職位。

可見，不論你現有的工作是多麼的微不足道，你對工作是如何不滿意，只要你用進取不息的認眞態度，火焰似的熱忱，主動努力的精神去工作，那麼，你就會從平庸的地位上脫穎而出，嶄露頭角。

不模仿他人，創造自己的特色

在這個世界上，充滿了形形色色的追隨者和模仿者，他們總是喜歡依照他人的足跡行走，沿著他人的思路思考。他們認爲，「模仿」可讓自己節省心力，是走向成功的一條捷徑。殊不知，「模仿乃是死，創造才是生。」

對任何人來說，模仿都是極愚拙的事，它是創造的勁敵。它會使你的心靈枯竭，沒有動力；它會阻礙你取得成功，干擾你進一步的發展，拉長你與成功的距離。

專事仿效他人的人，不論他所模仿的人多麼偉大，也決不會成功；沒有一個人，能依靠模仿他人，去成就偉大事業的。

所以，要想成功就不能抄襲，不能模仿。一個人愈去模仿他人，愈會失敗。

在傳教士皮吉爾和巴洛克出名以後，數百年間，有無數青年傳教士學習他們講道的態度、方式和種種姿勢。然而，可悲的是，在那些模仿皮吉爾和巴洛克的青年教士中間，竟沒有一個成功的。

這一歷史的見證，有力地表明成功決不會出自於模仿。

假若你在工作中，從不注意自我創造，總是去模仿他人，追隨他人，做人家已經做過的事情。那樣，即使你具有卓越的才幹，也很難引起大眾的注意，獲得成功。

相反，假若你具有創造思想，運用新奇和進步的方法，獨樹一幟，你便能輕而易舉地吸引人們的目光，開闢出一條通往成功的路徑。

千萬不要責怪成功總是躲避模仿者，卻喜歡追求創造者。

從大的角度講，這是社會進步的需要。如果把那些創造者的事跡從歷史中刪去，那麼，歷史的每一頁都將是昨天的翻版。今天的我們，也許還停留在混沌未開的原始狀態。

所以有人曾詼諧地說：一個創造者，勝過一打模仿的人。

此話絕不誇張。看看吧，發明安全刀片、帶橡皮擦鉛筆的人只有一個，卻滿足了千千萬萬個人每天刮鬍子、用鉛筆的需求。

毋庸置疑，「安全刀片」、「帶橡皮擦的鉛筆」絕非來自模仿、抄襲。

的確，眞正的成功者，決不抄襲他人、模仿他人，更不願意受前人陳規的束縛，而是積極去創造、去領導。

拿破崙並不熟諳以往的軍事戰術，自定新計，征服了全歐洲；做過警察、行政員、副總統、大總統的羅斯福，認爲「世事如棋局局新」，於是，他總是按照自己的主意，去對待每一件事情，絕不模仿他人，終於獲得了驚人的政績。

可想而知，如果這些人刻意模仿，只怕永遠不可能得到成功之神的垂青，更不會聞名全世界。

所以，無論何時何地，你都要努力創造，學會從得到中失去，從失去中獲得，做一個時代的新人。永遠不要打「模仿」的如意算盤，指望它來扶助你獲取成功。這個錯誤的念頭，只會給你帶來失敗，讓你一生平庸。

不要說自己沒有創造力，只能模仿他人的喪氣話，那是自欺欺人，給自己尋找不成功的理由。上天是公平的，它在賦予人們生命的同時，也將不同的天資潛入到每個人的身體裡面。你只需動動腦，努努力，就能把它充分挖掘出來，像所有成功者那樣，在創造中成就自己的事業。

你若執迷不悟，盲目地去抄襲他人，做他人經驗的奴隸，那麼，你便是在自甘浪費自己的天賦。

成功偏愛善於創造的人。在這個社會中，再沒有什麼比創造更能讓你引人注意，讓你成功的了。

所以，假如你是律師，就要用獨到的見解，來贏得訴訟；假如你是商人，就要從全新的角度，解讀市場的訊息，來進一步發展企業……總之，不論你成就的事業是大是小，你都要有自己的創造。

你若正在犯「模仿他人」這個愚蠢的錯誤，趕快丟掉它吧。改變奔走的路徑，衝出自我營造的「模仿牢籠」，做一個勤於思考、善於觀察、敢於創造的人。不要再刻意模仿別人，只要你對生活多留意點，也許，下一個成功者就是你了。

不過度苛求公正

很多人都有這種完全不切實際的想法：一切都必須是公平合理的。

在這一想法的引導、支配下，很多人的一舉一動總在尋求公道和正義。一旦受到了不公平的待遇，就會憤怒、憂慮、失望，或者借由消極的抱怨，以發洩內心的不滿。如「這世界簡直越來越不公平了」、「如果我不能這樣做，你也沒有權利這樣做」等等。

這是非常愚蠢的想法和舉動。

其實，你無窮無盡地兜售著「不公平」的抱怨，在苛求公正中浪費自己與他人的大量時光是十分不明智的。

強求公正是一種注重外部環境的表現，也是一種避而不管自己生活的辦法。強求公正的人總是根據別人的行爲，衡量自己的得失。支配他們情感的，不是他們自己，而是別人。也就是說，如果你因爲未能做別人所做的事情，而煩惱不已，你就已經在受別人擺佈了。而每當你把自己和別人進行比較時，你就是在玩愚蠢而危險的「不公平」遊戲。

比如，在公路上開車時，一輛車把你擠到了路邊，你也要去擠他一下；一個開慢車的人在前面擋你的路，你也要趕上去再擋他一下，心理才會覺得平衡、舒服一些……

不難看出，你的所作所爲，正是因爲別人違反了你的公正觀念，致使你拿自己的性命去賭氣。

不要認爲強求公正的現象在現實中並不多見。只要稍加留意，你就會在自己和別人身上，發現許許多多相類似的、「渴求平等」行爲的縮影。

比如，抱怨有些人工作不多，報酬卻比你高許多；有些人能力明明比你差一大截，卻大受上司恩寵而得以晉升。愛默生曾說過這樣一句話：「……一味愚蠢地要求始終如一，是心胸狹隘的弊病之一。」

倘若你堅持始終如一的以「正確」方式做事，一條線劃齊，就很可能掉進「苛求公平」的陷阱。

在這個陷阱中，你將別人的行爲看得比自己的更爲重要，不由自主地依據別人的標準生活，在別人的陰影下奮鬥，如此一來，只怕你永遠不可能開創自己的生活，更難見到屬於你自己的那片藍天。

當然，客觀地講，尋求公道不是什麼錯誤行爲。但是，如果你因在生活和工作中，一味追求正義和公道，未能如願便消極處世，這就會構成阻礙你成功的障礙。

苛求公正的直接不良後果，往往是極具破壞力的「自我挫敗」。因爲這些行爲會讓你脫離現實，將你引向一種幻境。

在幻境中，你可以自命清高，爲自己的正直沾沾自喜，自以爲高人一等；你可以將一切問題歸咎於不公平的人和事，自己不必負任何責任，並且你也爲自己的惰性找到了理由——例如未能根據自己的選擇來生活的原因，是由於這些不公平的人和事；在抱怨不公平時，你可以玩弄些小伎倆，讓自己有理由不採取一切行動，

「他什麼都不做，我也不做」；既然一切都必須是公平的，所以你的報復行爲無形中也就合理化了……這也是許多人之所以對「尋求公正」的心理和行爲戀戀不捨的原因。

其實，你根本沒有必要將一切問題都歸罪於不公平的現象，它更不值得你鍾情迷戀。

人與人之間本來就有所不同，也存在著差距，不公正現象的存在也是必然的。別人的境遇如果比你好，那你無論怎樣抱怨、煩惱、憤怒，都是徒勞，也不會由此改變自己的境遇。亞當斯說過：「以爲根本沒有公正的人，是愚蠢的；以爲人人都公正，則更爲愚蠢。」

如果你想擺脫「苛求公正」的枷鎖，摒棄這種不良心理，就必須對症下藥，這樣才能見效。「苛求公正」問題的關鍵，並不在於世界上存在著不公正現象，而在於你對這些現象所持的態度如何。

因此，你首先應該避免總是提及別人，不要總是拿望遠鏡瞄著別人。只要你將注意力放在自己身上，不去和別人比來比去，或者總以別人的境遇作爲衡量自己幸福、成功與否的標準，你就會覺得周圍的不平等現象是多麼無所謂，更不會因「不公平」而煩惱不堪。

另外，將你所見到的各種不公正現象全部列出來，然後向自己提出這樣一個重

要問題：「這些不公平現象會因為我煩惱、憂慮、憤慨而改變或消失嗎？」

答案顯然是否定的。不要小看這些看似令人沮喪的否定答案，正是它，可以逐步消除使你煩惱的心理，使你可以輕鬆跳出苛求公正的心理陷阱。

培養「自制」的能力

曾有人對各監獄的成年犯人做過一項調查，發現了一個驚人的事實：這些犯人之所以淪落在監獄中，有90％的人是因為他們缺乏必要的自制，就是這一點，對他們的生活造成了極為嚴重的破壞。由此可見，失去自制的後果是多麼可怕。一位著名哲人曾說過這樣一句話：「上帝要毀滅一個人，必先使他瘋狂。」

人們都知道，現代的經濟活動絕對需要服從嚴格的規則。所有偉大的成功者更是說明了這一點：商業活動，往往需要道德力量的影響才能成功，事業上的成功在很大程度上依賴於情緒控制和嚴格自律。這種自制使一個明智的人能夠有效地控制自身，把握好自我發展的主動權，駕馭自我。所以，自制能使成功事業的道路變得更加平穩，能避免一些不必要的麻煩，從而使成功成為必然。

有位管理員為了顯示他對富蘭克林一個人在排版間工作的不滿，把屋裡的蠟燭全部收了起來。這種情況一連發生了好幾次。有一天，富蘭克林到庫房裡排版一篇準備發表的稿子，卻怎麼也找不到蠟燭。

富蘭克林知道是那個人做的，忍不住跳起來，奔向地下室，去找那個管理員，當他到那兒時，發現管理員正忙著燒鍋爐，同時一面吹著口哨，彷彿什麼事情也沒發生。

富蘭克林抑制不住憤怒，對著管理員破口大罵，足足罵了有五分鐘之久，當他想不出什麼罵人的語句時，只好停了下來。這時，管理員轉過頭來，臉上露出開朗的微笑，並以一種充滿鎮靜與自制的聲調說：「你今天有些激動，對吧？」

他的話就像一把銳利的短劍，一下子刺進了富蘭克林的心裡。

想想看，那時候富蘭克林會是什麼感覺，站在富蘭克林面前的是一位文盲，他既不會寫也不會讀，雖然所做的事不夠光明磊落，他卻在這場「戰爭」中打敗了富蘭克林。更糟糕的是，富蘭克林的做法不但沒有為自己挽回面子，反而增加了他的羞辱。他開始反省自己，認識到了自己的錯誤。

富蘭克林知道，只有向那個人道歉，內心才能平靜。他下定決心，來到地下室，把那位管理員叫到門邊，說：「我回來為我的行為道歉，如果你願意接受的話。」

管理員笑了，說：「你不用向我道歉，沒有別人聽見你剛才說的話，我不會把它說出去的，我們就把它忘了吧。」

這段話對富蘭克林的影響更甚於他先前所說的話。他向管理員走去，抓住他的手，使勁握了握。他明白，自己不是用手和他握手，而是用心和他握手。

在走回庫房的路上，富蘭克林的心情十分愉快，因爲他鼓足了勇氣，化解了自己做錯的事。

從此以後，富蘭克林下定了決心，以後決不再失去自制，因爲凡事以憤怒開始，必以恥辱告終。你一旦失去自制之後，另一個人——不管是一名目不識丁的管理員，還是有教養的紳士，都能輕易地將你打敗。

在找回自制之後，富蘭克林身上也很快發生了顯著的變化，他的筆開始發揮更大的力量，他的話也更有分量，並且結交了許多朋友。這件事成爲富蘭克林一生當中最重要的一個轉折點。後來，成功的富蘭克林回憶說：「一個人除非先控制自己，否則他將無法成功。」

你如果不相信，你可以立刻去詢問你所遇到的任何十個人，問他們爲什麼沒能在所從事的行業中獲得更大的成就，賺來更多的財富。十個人當中至少會有九個人告訴你，他們並未獲得好機會。你若仔細觀察這九個人的日常行爲，你將會發現，他們在每一天的每個小時當中，正不知不覺地把自動來到他們面前的良好機會推掉。

這是一個許多人都知道的例子：有一天，在一家出售手套的商店的櫃台前，著名成功學家希爾和受僱於這家商店的一名年輕人聊天。這名年輕人告訴希爾，他在這家商店服務已經四年了，但由於這家商店的「短視」，他的服務並未受到店方的賞識，因此，他目前正在尋找其他工作，準備跳槽。在他們談話間，有位顧客走到他面前，要求看一些帽子。這位年輕店員對顧客的請求置之不理，直到他把話談完了，這才轉身向那名顧客說：「這兒不是帽子專櫃。」那名顧客又問，帽子專櫃在什麼地方。這位年輕人回答說：「你去問那邊的管理員，他會告訴你怎麼找到帽子專櫃。」

四年多來，這位年輕人一直處於一個很好的機會中，但他都不知道。他本來可以和他所服務過的每個人結成好朋友，而這些人可以使他成爲這家店裡最有價值的人。因爲這些人都會成爲他的老顧客，而不斷來和他交易。但他拒絕或忽視動用自制力，對顧客的詢問不予理睬，或是隨便敷衍兩句，就把好機會一個又一個浪費掉了。

的確如此，生活中有許多很好的機會，經常藏匿在看來並不重要的生活瑣事中，一個人只有有了自制力，才能在這些瑣事中抓住讓你成功的機會，體現生命本身的更大價值。

在一個陰雨綿綿的下午，有位老婦人走進一家百貨公司，漫無目的地在公司裡閒逛，很顯然她不打算買東西。因爲當時快到下班時間了，大多數的售貨員只看了她一眼，就各顧各地忙著理貨了，對老太太不搭不理，惟恐老太太麻煩他們。其中有一位年輕的女店員看到了她。立刻主動和她打招呼，問她是否需要什麼服務。老太太說，她只是來躲雨，不打算買東西。這位年輕人雖然也急著理貨下班，也有些不耐煩，但她仍安慰老人說，即使如此，她仍然受歡迎，並且主動和她聊天，當老太太離開時，這名女店員還陪她走上街，爲她撐開傘，老太太向她要了張名片就走開了。

後來，這名女店員突然被叫到老闆的辦公室，老闆向她出示了一封信，是位老太太寄來的，這位老太太特別指定這名女店員前往蘇格蘭，代表公司接下裝潢一所豪宅的工作。

原來，老太太是鋼鐵大王卡內基的母親，她把這項交易金額巨大的工作交給了女店員，使這位女店員獲得了的晉升機會。試想，如果這名女店員也像其他人一樣，不克制住自己的厭煩情緒而不去招待老太太，她能抓住這個機會嗎？

你在追求成功的過程中也不可避免地受到情緒的影響，在思考與計畫、接受鍛鍊以達到某項遠程目標、解決問題等方面，情緒代表你發揮心靈力量的極限，因而影響你的人生成就。

培養自制能力最重要的一點是形成良好的、自制的生活習慣。習慣的力量是巨大的，養成一些好習慣，你會終生受益，但你要是溺於壞習慣而不能自制，就會不知不覺地把自己毀掉。所以，如果你能把自己身上的壞習慣都趕走，你也就具備了一定的自制能力。

你還要注意以下幾點：

一、控制自己的時間

你可以制定一個時間計畫表，把工作、休息及娛樂的時間都支配好。這樣你就可以讓自己的生活過得充實無隙。

二、控制接觸的對象

你無法選擇工作的同事，但你可以選擇自己的夥伴，選擇一舉成功的楷模，向他們學習自制能力。

三、控制目標

如果你定下了長期目標，你就要爲這個目標而奮鬥，直到實現它爲止，這樣，你就會統一協調自己的行動，克制住自己的欲望。

四、控制憤怒

你將要發怒時，可以做幾下深呼吸，這樣你的軀體就會處於一種平衡狀態，情緒會得到一定程度的控制。然後，理智地分析一下憤怒的後果，進一步尋找解決的辦法，這樣你就會很快控制自己的怒氣。

方圓道

作者　孫莉

發行人　林敬彬
主編　楊安瑜
編輯　黃珍潔
封面設計　洸譜創意設計股份有限公司
美術設計　洸譜創意設計股份有限公司

出版　大都會文化事業有限公司　行政院新聞局北市業字第89號
發行　大都會文化事業有限公司
110台北市基隆路一段432號4樓之9
讀者服務專線：(02)27235216
讀者服務傳真：(02)27235220
電子郵件信箱：metro@ms21.hinet.net
網址：www.metrobook.com.tw

郵政劃撥　14050529 大都會文化事業有限公司
出版日期　2007年7月初版一刷
定價　199元

ISBN　978-986-6846-14-4
書號　Growth-019

Metropolitan Culture Enterprise Co., Ltd.
4F-9, Double Hero Bldg., 432, Keelung Rd., Sec. 1,
Taipei 110, Taiwan
Tel:+886-2-2723-5216　Fax:+886-2-2723-5220
E-mail:metro@ms21.hinet.net
Web-site:www.metrobook.com.tw

國家圖書館出版品預行編目資料

方圓道／孫莉著.
--二版.--臺北市：大都會文化, 2007[民96]
面：　公分.--(心靈特區；19)
ISBN 978-986-6846-14-4(平裝)
1.成功法　2.生活指導

177.2　　96009409

大都會文化

大都會文化　讀者服務卡

書名：**方圓道**

謝謝您選擇了這本書！期待您的支持與建議，讓我們能有更多聯繫與互動的機會。

A. 您在何時購得本書：_____年_____月_____日

B. 您在何處購得本書：__________書店，位於__________(市、縣)

C. 您從哪裡得知本書的消息：
1.□書店　2.□報章雜誌　3.□電台活動　4.□網路資訊
5.□書籤宣傳品等　6.□親友介紹　7.□書評　8.□其他

D. 您購買本書的動機：（可複選）
1.□對主題或內容感興趣　2.□工作需要　3.□生活需要
4.□自我進修　5.□內容為流行熱門話題　6.□其他

E. 您最喜歡本書的：（可複選）
1.□內容題材　2.□字體大小　3.□翻譯文筆　4.□封面　5.□編排方式　6.□其他

F. 您認為本書的封面：1.□非常出色　2.□普通　3.□毫不起眼　4.□其他

G. 您認為本書的編排：1.□非常出色　2.□普通　3.□毫不起眼　4.□其他

H. 您通常以哪些方式購書：(可複選)
1.□逛書店　2.□書展　3.□劃撥郵購　4.□團體訂購　5.□網路購書　6.□其他

I. 您希望我們出版哪類書籍：（可複選）
1.□旅遊　2.□流行文化　3.□生活休閒　4.□美容保養　5.□散文小品
6.□科學新知　7.□藝術音樂　8.□致富理財　9.□工商企管　10.□科幻推理
11.□史哲類　12.□勵志傳記　13.□電影小說　14.□語言學習（____語）
15.□幽默諧趣　16.□其他

J. 您對本書(系)的建議：

K. 您對本出版社的建議：

讀者小檔案
姓名：__________性別：□男　□女　生日：____年____月____日
年齡：1.□20歲以下 2.□21─30歲 3.□31─50歲 4.□51歲以上
職業：1.□學生 2.□軍公教 3.□大眾傳播 4.□服務業 5.□金融業 6.□製造業
7.□資訊業 8.□自由業 9.□家管 10.□退休 11.□其他
學歷：□國小或以下 □國中 □高中／高職 □大學／大專 □研究所以上
通訊地址：____________________
電話：（H）__________（O）__________傳真：__________
行動電話：__________ E-Mail：__________
◎謝謝您購買本書，也歡迎您加入我們的會員，請上大都會文化網站www.metrobook.com.tw
登錄您的資料，您將會不定期收到最新圖書優惠資訊及電子報。

大都會文化事業有限公司
讀　者　服　務　部　　收
110台北市基隆路一段432號4樓之9

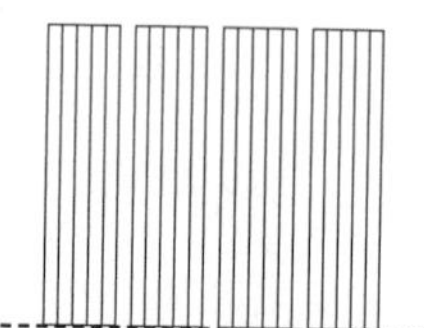